Stasia Cramer

Pferdeträume

A.K.D

Stasia Cramer

Pferdeträume

Aus dem Niederländischen
von Verena Kiefer

Ravensburger Buchverlag

Die Deutsche Bibliothek – CIP-Einheitsaufnahme
Ein Titeldatensatz für diese Publikation ist bei
Der Deutschen Bibliothek erhältlich

Sonderausgabe

Originally titled: „De huifkartocht“ and „Red Beyaart!“
Originally published in the Netherlands by:

text by Stasia Cramer
Umschlagkonzeption: Ekkehard Drechsel
Umschlagillustration: Ulrike Heyne
Redaktion: Manfred Schmeing
Printed in Germany

ISBN 3-473-34578-4

Gefährliche Tour

Das letzte Hindernis

„Schultern zurücknehmen, Fersen nach unten“, schallt Belle Grondelles Stimme durch das Mikrofon.

Frau Grondelle ist die Besitzerin der Reitschule. Die meisten Kinder nennen sie Tante Belle.

Tante Belle stellt die Musik leiser.

„Nimm die Zügel kürzer. Lass ihn nicht mit dem Kopf nach unten gehen.“ Tante Belle hat einen leicht amerikanischen Akzent. Ihre Stimme dröhnt.

Davon erschrecken die Schulpferde Doenja und Carol. Sie stieben ein kurzes Stück vom Hufschlag weg.

Du hast leicht reden, Tante Belle, denkt Tonke. Es ist ganz schön schwierig, auf Taman sitzen zu bleiben, wenn er anfängt zu bocken. Dennoch versucht sie ihr Gewicht nach hinten zu verlagern.

Für Taman ist das eine erneute Herausforderung. Er bleibt einen Moment stehen, um Luft zu holen. Dann springt er mit vier steifen Beinen aus dem Stand hoch. Tonke wird aus dem Sattel gehoben. Ihre Knie haben keinen Halt mehr. Sie hat nur noch einen Fuß im Steigbügel. Als Taman wieder aufsetzt, plumpst sie in den Sattel zurück. Tonke presst die Lippen aufeinander. Sie weiß, dass es jetzt erst richtig losgeht. Taman taucht auf einmal mit dem Kopf nach unten. Bockend springt er nach vorn.

Tonke macht in der Luft eine Rolle vorwärts und landet mit dem Hintern voran im Sand. Sie rappelt sich sofort wieder auf.

„Herrje, was für ein Rodeo“, sagt Jochen. Er klingt ein bisschen neidisch. Jochen reitet immer auf Carol und die ist sanft wie ein Lamm.

„Willst du tauschen?“, fragt Tonke. Sie klopft sich den Sand aus der Kleidung.

Jochen schüttelt den Kopf.

„Hast du dir wehgetan?“, fragt Nadia.

Nadia ist Tonkes beste Freundin. Sie reitet heute auf Doenja. Meistens muss eine von ihnen beiden Taman reiten. Sie sind nämlich die Besten der Gruppe. Na ja, bis auf Ellen natürlich. Aber die zählt nicht, weil sie ein eigenes Pony hat.

„Ach was“, sagt Tonke. Aber sie reibt doch mal eben über die schmerzende Stelle an ihrer Hüfte.

„Du musst wieder einen ausgeben“, sagt Ellen. „Es ist schon das dritte Mal in diesem Monat, dass du runterfliegst. Da musst du dir schon was Besonderes einfallen lassen. Fleischkroketten zum Beispiel.“

Tonke streckt die Zunge raus. „Sehr witzig. Ich bin Vegetarierin, das weißt du genau. Ich gebe ein paar Lakritzheringe aus. Wenn dir das nicht reicht, kriegst du eben nichts.“

Ellen zuckt mit den Schultern. Sie lässt Corrado

antraben. Der Schimmel hat himmelblaue Bandagen um die Vorderbeine. Er macht eine formvollendete Volte. So kann das jeder, denkt Tonke. Papa kauft einem ein teures Dressurpony, er steckt einen in die schönste Kleidung, er sorgt auch noch für Privatunterricht, und im Handumdrehen ist man die Beste in der Reitschule.

Wiebe, der Stallknecht, hat inzwischen Taman eingefangen. Das heißt, viel zu fangen war da nicht.

Taman stand brav in der Ecke. Da steht er immer, wenn er seinen Reiter losgeworden ist. Es sieht fast so aus, als hätte man ihn zur Strafe dorthin geschickt.

Wiebe führt ihn in die Mitte der Reithalle. Er hilft Tonke beim Aufsitzen.

„Bau doch schnell ein paar Hindernisse auf", sagt Tante Belle zu Wiebe. „Wenn du sowieso schon mal da bist."

Oh, denkt Tonke, ich will überhaupt nicht springen! Sie hatte gedacht, die Reitstunde sei schon vorbei.

Ihr Sturz von Taman hat Tonke doch einen ziemlichen Schreck eingejagt. Aber das kann sie nicht sagen. Sie will sich keine Blöße geben, schon gar nicht vor dieser aufgeblasenen Ellen.

In der nächsten halben Stunde bockt Taman kein einziges Mal.

„So bist du brav", sagt Tonke, als sie wieder über den Doppelsprung setzen.

Kurz danach lenkt sie Taman im Schritt über den Hufschlag. Sie lässt ihn am langen Zügel gehen.

Ende der Stunde und ich habe Taman wieder einmal

überlebt, denkt Tonke erleichtert. Es ist richtig schade um dieses Pony. Taman kann so gut springen. In der Dressur ist er übrigens auch spitzenmäßig. Aber er hat einen schwierigen Charakter mitbekommen.

„Bau ruhig einen kleinen Parcours auf, Wiebe", sagt Tante Belle.

Oh nein, bitte nicht, denkt Tonke.

Nach der Uhr müsste die Stunde längst zu Ende sein. Aber Tante Belle hält sich nicht an Unterrichtszeiten oder die Uhr. Die Unterrichtsstunden werden manchmal um eine ganze Stunde überzogen. Tante Belle will dafür nicht mehr Geld haben.

Sie hat keinen Geschäftssinn, meint Tonkes Vater.

Tonke reitet schon seit zwei Jahren in diesem Reitstall. Ihre Eltern haben bislang noch keinen Pfennig dafür bezahlt.

„Ich schicke Ihnen eine Rechnung", sagte Tante Belle, als Tonkes Vater nach der ersten Reitstunde mit dem Geldbeutel bereitstand.

Auf diese Rechnung warten sie heute noch.

Wiebe schleift ächzend Ständer, Stangen und Strohballen herbei. Nach zehn Minuten hat er sechs Hindernisse aufgebaut. Der Doppelsprung zählt als ein Hindernis.

„Stell Nummern dazu", sagt Tante Belle. „Jeder springt den gleichen Parcours. Nur so kann man den Besten ermitteln." Tante Belle tut so, als wäre es ein richtiger Wettkampf. Sie hat viele Jahre in Amerika gelebt. Dort organisierte sie fast jede Woche ein Turnier, hat sie erzählt.

Die Reiter müssen mit ihren Ponys außerhalb in der Stallgasse warten, bis sie an der Reihe sind. Sie können den Parcours vom Gang aus gut sehen.

Jochen wird als Erster aufgerufen.

Er lässt Carol im Trab über die Hindernisse gehen. Die dritte Hürde ist ein Sprung über zwei Strohballen.

Da verweigert das schwarze Pony.

„Gib ihm die Gerte", ruft Tante Belle durch das Mikrofon. Sie zieht aufgeregt an ihrer langen Zigarette und sucht eine neue CD aus, diesmal Marschmusik.

Tante Belle glaubt an den guten Einfluss, den Musik auf Pferde hat. Ruhige, klassische Musik, um sie zu beruhigen, und Marschmusik, um sie munter zu machen.

In den Ställen läuft den ganzen Tag ein Klassiksender. Aber sobald Tante Belle für einen Moment weggeht, rennt Wiebe zum Radio, um einen Popsender zu suchen. Er mistet die Ställe viel lieber bei *House*musik aus.

„Gib ihm eins drauf!", ruft Tante Belle über den Radetzkymarsch hinweg.

Jochen streichelt Carol mit der Gerte über das Hinterteil. Carol geht jetzt rückwärts statt vorwärts.

Jochen bohrt seine Fersen in den Bauch des Ponys. Auch das hilft nicht.

Carol geht weiterhin rückwärts. Mit seinen dicken Hinterbacken wirft er das zweite Hindernis um.

„Eine Verweigerung bringt drei Strafpunkte. Du bekommst noch vier dazu für das zweite Hindernis. Das hast du umgeworfen", sagt Tante Belle. „Sieben Strafpunkte bei den ersten drei Hindernissen. Das ist keine Glanzleistung, Junge. Nächstens besser machen."

Wiebe rennt mit einer Gerte hinter Carol her. Das Pony geht wieder vorwärts. Es springt nun sofort über die Strohballen.

„Wieso kann er jetzt noch einen Fehler für Hindernis zwei kriegen?", fragt Nadia. „Er hatte es doch schon fehlerlos genommen?" Sie streichelt Doenja über den Hals und schaut die anderen Mädchen an.

„Das sind nun einmal Tante Belles Regeln", sagt Tonke und zieht eine Grimasse.

Dann wird Ellen aufgerufen.

Sie ist in der Stallgasse auf ihrem Pony sitzen geblieben. Corrado, ihr prachtvoller Schimmel, ist die ganze Zeit brav stehen geblieben.

Er wirkt wie ein Roboterpony, denkt Tonke. Er setzt keinen falschen Schritt. Er ist nie schmutzig oder bösartig. Im Stall äppelt er sogar fein säuberlich in eine einzige Ecke.

Corrado springt geschmeidig über alle sechs Hindernisse. Dann kehrt er ruhig in die Gasse zurück.

Der weiße Wallach keucht kein bisschen.

„Vierundvierzig Sekunden", sagt Tante Belle durch das Mikrofon. Ellen dreht sich empört um.

„Du hast nicht gesagt, dass es auf Zeit gehen würde", ruft sie. „Sonst hätte ich es bestimmt schneller geschafft. Jetzt wollte ich bloß fehlerlos reiten."

Tante Belle hört sie natürlich nicht. Sie sitzt hinter der Glasscheibe und ruft über das Mikrofon Tonke herein.

Endlich habe ich die Gelegenheit, Ellen zu schlagen, denkt Tonke und reitet in die Halle.

Sie klopft Taman den Hals.

„Du willst diese dämliche Ellen doch auch besiegen, oder? Dann zeig mal, was du kannst."

Taman galoppiert auf das erste Hindernis zu, einen Steilsprung. Er springt in hohem Bogen darüber, wechselt den Galopp und nimmt das zweite Hindernis: zwei Tonnen mit dazwischen gekreuzten Stangen. Dann reiten sie auf das dritte Hindernis zu, die Strohballen. Auch darüber springt Taman mit großer Leichtigkeit.

„Siehst du, wie gut du das kannst?", sagt Tonke zu ihrem Pferd. „Wenn wir so weitermachen, gewinnen wir. Vorwärts, Taman."

Taman setzt zum Doppelsprung an und springt geschmeidig über den ersten, macht einen Galoppsprung und nimmt den zweiten.

Tonke will Taman vor den beiden letzten Hindernissen anspornen. Sie sind viel schneller als Ellen und Corrado. Davon ist sie überzeugt! Sie drückt ihre Fersen fest in den Bauch ihres Pferdes.

Doch das weckt Tamans Widerstand. Das fünfte Hindernis nimmt er noch mit steifen Beinen. Aber gerade vor dem letzten Sprung, einem Oxer mit vielen Stangen, bleibt er auf einmal stehen.

Tonke wird nach vorn geworfen. Noch klammert sie sich am Hals ihres Pferdes fest.

Da senkt Taman den Kopf. Er bockt schrecklich hoch. In hohem Bogen wird Tonke nach vorne geschleudert.

Oje, denkt Tonke noch, als sie durch die Luft fliegt. Sie hört einen dumpfen Knall und danach knackt etwas. Ein stechender Schmerz in ihrem Rücken. Dann fühlt sie gar nichts mehr. Sie ist bewusstlos.

Nichts zu lachen

Tonke drückt auf die Klingel neben ihrem Bett. Sie hört, wie ihre Mutter die Treppe hinaufrennt.

„Jetzt sag mal, du musst doch nicht jede Sekunde klingeln? Du brauchst ja mehr Aufmerksamkeit als damals, als du noch ein Baby warst. Ich habe auch noch andere Dinge zu erledigen. Also, was ist denn nun schon wieder?“ Tonkes Mutter ist noch ganz außer Atem vom Treppenlaufen.

Tonke ist beleidigt. Sie hat doch ihre Mutter in der vergangenen Stunde erst dreimal kommen lassen.

Einmal, weil es ihr zu warm war. Draußen herrscht eine Bullenhitze und sie hatte zwei Decken auf dem Bett. Eine dieser Krankenhausdecken ist völlig ausreichend!

Und einmal, weil sie Durst hatte. Logisch bei der Hitze.

Dann noch einmal, weil sie glaubte, ein Zeh habe sich bewegt! „Es ist ein Fortschritt, wenn du sie wieder bewegen kannst“, hat der Arzt gesagt.

Aber allein kann sie ihre Zehen nicht sehen, weil sich über ihren Füßen eine Deckenwurst wölbt.

„Ich muss pieseln“, sagt Tonke. „Und ich läute nur, wenn es wirklich nötig ist. Aber wenn es gerade nicht passt, dann geh ruhig wieder. Ich halte es noch zurück. Es macht ja nichts, wenn meine Blase platzt.“

„Hör doch auf mit dem Gejammer. Ich würde sofort mit dir tauschen. Herrlich, den ganzen Tag im Bett liegen zu können.“

„Na, ich würde auch mit dir tauschen. Ich fände es zufällig ganz herrlich, laufen zu können. Oder auch nur sitzen. Oder Fahrrad fahren oder schwimmen. Oder reiten.“

„Reiten? Bist du völlig verrückt geworden? Du wirst nie mehr auf ein Pferd steigen. Dieser Gaul hätte dich beinahe umgebracht.“

Tonke sagt einen Moment lang nichts mehr.

Das Unglück liegt schon fast wieder sechs Wochen zurück. Sie kann sich nicht erinnern, was unmittelbar danach geschehen ist.

Sie ist natürlich mit einem Krankenwagen ins Krankenhaus gebracht worden. Sie wurde sofort operiert.

Ein Wirbel war gequetscht. Böse. Sie haben ein Stück Knochen aus ihrer Hüfte genommen, um die ganze Angelegenheit zu stützen. Dort hat sie jetzt eine Narbe.

Ansonsten hatte sie überall Prellungen, Beulen und blaue Flecken. Vier Wochen lang hat sie in einem Gipskorsett gelegen. Sie hatte auch noch eine Gehirnerschütterung, daher musste sie ihren Kopf sehr schonen.

Jetzt sind die Schwellungen und Beulen verschwunden.

Das Gipskorsett ist durch ein Kunststoffkorsett ersetzt worden.

Die Gehirnerschütterung macht ihr immer noch zu schaffen. Den ganzen Tag über hat sie Kopfschmerzen, aber sie werden schon etwas weniger, wenn sie sich ruhig verhält. Sie kann sich nur noch nicht gut konzentrieren.

Das Schlimmste ist, dass sie gelähmt ist.

„Vorübergehend“, sagte der Neurochirurg im Krankenhaus. „Allmählich wird das Gefühl in deine Beine zurückkehren. Du musst Geduld haben.“

Tonke hat keine Geduld. Sie will wieder normal sitzen und selbst duschen können, statt von ihrer Mutter gewaschen zu werden. Selbst zur Toilette gehen, statt diese leidige Bettpfanne zu benutzen. Selbst laufen können, rennen, reiten!

Natürlich wird sie wieder reiten, wenn sie gesund ist. Aber das sagt sie ihrer Mutter lieber noch nicht. Wenn es so weit ist, dass sie wieder alles kann, ist es immer noch früh genug, mit ihrer Mutter über das Reiten zu diskutieren. Und das wird sicher erst nach den Ferien sein.

Mist, es sind Ferien, alle haben Ferien.

Ellen geht mit ihrem Pony Corrado nach Portugal zu einem Pferdetrekking. Zwei Wochen lang werden sie durch spannende, wilde Gebiete ziehen.

Aber nicht etwa mit Rucksack und Zelt, sie doch nicht. Geschlafen wird in Luxushotels und das Gepäck wird ihr hinterher gebracht.

Corrado wird mit dem Flugzeug transportiert, unbezahlbar, laut Nadia. Das geht in die Tausende!

Ellen hat Tonke im Krankenhaus besucht. Sie hatte einen flotten Spruch auf den Lippen, aber so richtig witzig war er nicht.

„Jetzt haben wir noch zwei Einladungen bei dir gut, haha."

„Hier, du kannst gerne mein Krankenhausessen haben", hatte Tonke geantwortet und sie hatte Ellen ihren Teller mit angebissenem Obst hingeschoben.

Ellen war erschrocken einen Schritt zurückgewichen. „Das war doch nur ein Scherz."

Sie hatte ein sagenhaftes Geschenk für Tonke mitgebracht: einen Pferdetransporter für ihre Minireitschule.

Obwohl das Geschenk von der dämlichen Ellen kam, hatte sich Tonke sehr darüber gefreut. Allerdings hatte sie sich die Ohren zugestopft, als Ellen begann, mit Portugal anzugeben.

Armer Corrado, hatte sie gedacht. Nur damit Ellen ihren Spaß hat, muss er ganz allein mit dem Flugzeug fliegen. Und danach muss er zwei Wochen lang durch den Dreck laufen. Das sind doch keine Ferien für ein Pony!

Ellen verdient dieses Pony einfach nicht. Sie ist viel zu verwöhnt von ihrem reichen Vater und hat nie gelernt, nett zu Tieren zu sein. Bekommt Corrado jemals einen Apfel nach der Reitstunde? Nein. Karotten? Niemals! Zuckerstückchen? Du bist wohl verrückt geworden!

„Ich mag keine Bettler“, sagt Ellen, wenn Tonke oder Nadia ihren Ponys nach der Stunde etwas Leckeres zustecken.

Nadia hat Tonke jeden Tag im Krankenhaus besucht und jetzt kommt sie fast jeden Mittag kurz vorbei. Aber Tonkes Freundin fährt auch bald in Ferien. Sie darf ins Ponylager.

Und sie, Tonke? Sie verbringt die gesamten Ferien im Bett.

Tonke zappt schon seit einigen Minuten durch alle Kanäle. Wiederholte Wiederholungen, denkt sie. Bah.

Tonke sieht normalerweise fast nie fern. Nach der Schule spielt sie immer ein bisschen mit Däumling, ihrer kleinen Katze. Manchmal liest sie ein Pferdebuch.

Das letzte hieß „Das Stechen“. Das hat ihr gefallen. Aber die Pferde im Buch waren längst nicht so wild wie Taman.

„Die Reitschulponys werden zu wenig bewegt“, hatte Wiebe gesagt, als er im Krankenhaus auftauchte. „Taman läuft vielleicht zweimal pro Woche. Tante Belle hat einfach zu viele Ponys, gemessen an der Anzahl ihrer Kunden. Sie sollte ein paar davon verkaufen.“

Lesen ist mühsam. Erst muss das Bett hoch gestellt

werden, damit sie sitzen kann. Dafür gibt es einen speziellen Knopf.

Dann muss sie den ausziehbaren Tisch über das Bett schieben und das Buch darauf legen. Das Buch wiederum liegt natürlich irgendwo unter dem Bett oder am Fußende. Also muss sie erst nach ihrer Mutter klingeln, um das Buch aufzuheben. Die wird dann ungehalten, also folgt ein zehnminütiger Streit darüber, wofür sie klingeln darf und wofür nicht.

Und wenn sie dann endlich anfangen kann zu lesen, ist sie müde. Die Buchstaben tanzen vor ihren Augen und ihr Kopf beginnt zu schmerzen.

„Das wird ganz sicher wieder besser“, hat die Schwester im Krankenhaus versprochen. „In ein paar Wochen merkst du nichts mehr von deiner Gehirnerschütterung.“

Für die Schule arbeiten kann sie nicht, weil Ferien sind. Und gerade darauf hätte sie jetzt Lust! Sogar eine Divisionsrechnung fände sie spitzenmäßig.

Der Lehrer kann nicht vorbeikommen, um ihr Rechenaufgaben zu bringen. Er fährt in den Ferien nach Frankreich, mit dem Zelt und einem Freund.

Sie ist neugierig, ob sie die Postkarte bekommen wird, die er ihr versprochen hat.

Wie viele Karten hat sie nun insgesamt erhalten? Vierundsechzig.

Wie viele Pferdeköpfe befinden sich auf der Tapete? Äh, sechshundertzweiundachtzig, aber es könnten auch fünfhundertachtundneunzig sein. Das hatte sie beim letzten Mal gezählt.

Jedes Mal, wenn sie versucht zu zählen, hat sie ein anderes Ergebnis und Kopfschmerzen.

Vorgestern hat sie überlegt, wie viele Songtitel ihr einfallen. Sie kam auf sechsundzwanzig, die sie hintereinander aufsagen konnte.

Aber niemand wollte sie alle hören. Sie wollte sie auch schon gar nicht mehr aufsagen, denn sie hatte schon wieder Kopfschmerzen.

Gestern hat sie den ganzen Morgen geweint. Auch davon bekam sie Kopfschmerzen.

Tonke kann also getrost sagen, dass sie von allem und jedem Kopfschmerzen bekommt.

Im Krankenhaus hatten sie ihr auch vorhergesagt, dass sie Kopfschmerzen bekäme, wenn sie laut lachen würde. Das braucht sie zum Glück nicht zu befürchten: Es gibt wirklich nichts zu lachen.

Eine Ansichtskarte von Aafje

Tonke dreht ganz vorsichtig ihren Kopf. Zur Abwechslung mal wieder nach links gucken, denkt sie. Ah, Aussicht auf das Fenster! Leider kann sie nichts von dem sehen, was draußen geschieht.

Sie kann nicht sehen, wie Däumling fast jeden Tag einmal in den Baum klettert.

Däumling ist vier Monate alt. Er ist eine Siamkatze. Das Fell ist hellbeige und läuft am Schwanz, den Pfoten und den Ohren braun aus.

Däumling ist auf Entdeckungsreise. Deshalb klettert er immer in die alte Eiche vor ihrem Haus. Dort oben im Baum hat er eine gute Sicht über die Welt. Wenn seine Kletterpartie nach oben beendet ist, entdeckt er erst, dass er sich nicht nach unten traut.

Tonke hat ihn immer gerne aus dem Baum geholt. Spannend fand sie das. Jetzt muss Tonkes Mutter ihm mit der großen Leiter herunterhelfen und das, obwohl sie unter Höhenangst leidet.

Tonke kann sich nur vorstellen, was sich dann abspielt. Wie ihre Mutter mit zitternden Knien nach oben klettert und Däumling von einem Ast klaubt. Dass sie böse zu ihm sagt: „Pfui, du bist sehr ungezogen! Du weißt doch, dass du dich nicht vom Baum hinuntertraust! Dann klettere auch nicht hinein!“

Nein, nichts von alledem kann Tonke von ihrem Bett aus sehen. Das Einzige, was sie sieht, sind der blaue Himmel und ein Vogelschiss an der Fensterscheibe.

Die ganzen Ferien im Bett, denkt Tonke unglücklich. Und vielleicht sogar noch viel länger! Das ist doch nicht auszuhalten für jemanden wie sie?

Normalerweise ist sie ständig in Bewegung.

Meistens springt sie morgens um sechs Uhr schon aus dem Bett. Als Erstes füttert sie Däumling.

Er schläft, nein, er schlief immer in ihrem Zimmer.

Das darf er jetzt nicht mehr. Wenn Däumling unter die Decken kriecht, kann sie ihn nicht herausziehen.

Er könnte ersticken, ohne dass sie etwas dagegen tun könnte.

Aber gut, darum ging es ja gerade nicht. Sie war beim Tagesbeginn stehen geblieben.

Okay, erst bekommt Däumling seine Bröckchen.

Dann macht sie Frühstück für Papa, Mama und Marcel, ihren großen Bruder.

Papa kommt als Erster herunter. Mit noch halb geschlossenen Augen trinkt er starken schwarzen Kaffee.

Den hat Tonke extra für ihn gekocht.

Die anderen trinken morgens Tee.

Dann verschwindet Papa unter die Dusche.

Ein paar Minuten später kommt Marcel in die Küche. Er schlingt mindestens drei Teller Cornflakes in sich hinein. Selbst für einen Jungen in der Pubertät futtert er unglaublich viel. Das finden zumindest Papa und Mama. Aber Marcel treibt viel Sport. Er wiegt kein Gramm zu viel.

Er sei ein nervöser Junge, meint die Ärztin.

Nervöse Menschen verbrennen viel, sagt sie. Tonke ist ihrer Meinung nach eher ein lebendiges Kind.

Ihre Ärztin ist mal dick, mal dünn. Als sie vor ein paar Tagen einen Hausbesuch abstattete, war sie superdick.

„Ich muss zu einer Diät raten“, hatte sie zu Mutter gesagt. „Tonke verbraucht überhaupt keine Energie, wenn sie im Bett liegt.“ Wenn sie selbst nicht naschen darf, darf ich auch nicht, hatte Tonke gedacht, aber nicht laut gesagt.

Was sie laut der Ärztin essen darf?

Ein Brot mit Erdnussbutter zum Frühstück. Mittags ein Brot mit Käse. Ein normales warmes Essen abends mit den anderen. Keine Erfrischungsgetränke, keine Süßigkeiten. Obst ja, aber keine Bananen.

Wie soll sie es so lange ohne Bananen aushalten? Ohne Schokocreme oder Streusel auf ihrem Brot? Ohne Eis mit Sahne, Marsriegel, Twix, Knusperriegel, Milchriegel, weiße Riegel und Lakritze? Wie bitte? Auch keine Lakritze mehr?

„Nein, ganz bestimmt keine Lakritze, Tonke. Die ist viel zu salzig. Wir müssen aufpassen, dass du kein Wasser speicherst während all der Zeit, die du im Bett verbringst."

Keine Lakritze mehr! Keine Kätzchen, Münzen, Schlangen, Stäbchen und Salzheringe.

„Da können Sie mich auch gleich erschießen", hatte Tonke gesagt.

Das hielt die Ärztin für eine unpassende Bemerkung.

„Was sind denn ein paar Monate im Vergleich zu einem ganzen Leben?", hatte sie gesagt.

„Was machen ein paar Kilos oder zu viel Wasser schon aus?", hatte Tonke gefragt. „Ich habe doch noch ein ganzes Leben vor mir, um das wieder loszuwerden!"

Die Ärztin war beleidigt abgezogen. Sie würde erst wiederkommen, wenn Tonke normal reagieren konnte. Sie hätte wirklich Besseres zu tun, als frechen Patienten zuzuhören.

Nun, Tonke nicht. Sie hat nichts Besseres zu tun, als frech zu sein. Sie hat außerdem überhaupt nichts zu tun. Sie *kann* überhaupt nichts tun!

„Dann lerne doch stricken oder sticken", hatte Marcel gestern vorgeschlagen, als sie darüber klagte. „Besticke ein Kissen mit einem Pferdekopf oder so was. Damit bist du mindestens ein Jahr lang beschäftigt."

Tonke war sauer geworden. „Dann lerne du erst mal deinen Reifen selbst zu flicken", hatte sie scharf reagiert.

Tonke ist die Einzige in der Familie, die Fahrradreifen flicken kann. Sie repariert sowohl die von Marcel als auch von Paps.

Ihre Mutter hat kein Fahrrad, die erledigt alles mit dem Auto.

Marcel sitzt jeden Tag eine Viertelstunde an ihrem Bett. Das ist doch nett von ihm, auch wenn Mama ihn darum gebeten hat.

Er spricht dann ausschließlich über sich selbst. Darüber, was er in der Schule ausgefressen hat. Er scheint dort den starken Mann zu spielen! Er riskiert eine große Lippe gegenüber dem Konrektor. Er prügelt sich mit einem Jungen aus der Oberstufe. Also, für einen aus der Unterstufe ist er echt bärenstark!

Tonke glaubt natürlich kein Wort von seinen Geschichten. Aber sie kann sich im Moment auch bei niemandem erkundigen, ob er lügt. Also muss sie alles schlucken, was er behauptet.

Und sie selbst hat gar nichts zu erzählen. Es geschieht absolut nichts im Bett.

Spielen geht auch nicht. Normalerweise spielt sie mit ihrer Minireitschule. Aber man kann nicht mit Spielzeugpferden spielen, wenn man flach im Bett liegt.

Oder geht das vielleicht doch?

In einer Zimmerecke steht eine richtige Minireitschule.

Für die Pferde gibt es eine umzäunte Weide. Jedes Pferd hat auch eine eigene Box.

Außerdem gibt es einen Abspritzplatz mit Gartenschlauch, eine Sattelkammer und einen Heuhaufen. Und natürlich einen Außenplatz. Dort kann man Hindernisse aufbauen.

Die Reitschule ist eine etwas üppig ausgefallene Weihnachtsüberraschung von Paps und Marcel gewesen. Marcel hatte die Laubsägearbeiten an der Reitschule durchgeführt. Paps hatte das Ganze angestrichen.

Das Geschenk, das zu der Überraschung gehörte, durfte sie im Heuhaufen suchen. Dort waren zwei Puppen versteckt.

Tonke freute sich sehr über die Reitschule, noch mehr als über die Puppen, denn davon besitzt sie schon etliche.

Sie hat damals auch einen Spielzeugsportwagen bekommen, über den sie sehr froh war.

Übrigens gibt es jetzt auch ein Fahrzeug für die Spielzeugpferde im Geschäft zu kaufen, weiß Tonke. Vielleicht wäre das ein Geschenk für sie, weil sie so bedauernswert ist? Es ist allerdings ziemlich teuer! Würden Oma und Opa nicht bald wieder zu Besuch kommen?

Tonke hat einen ganzen Stall voller wunderschöner Pferde. Manche sind aus Stoff, die meisten aus Plastik. So zum Beispiel der Schimmel Quickstepp und Kiko, der Schecke, und der Appaloosa Dexter. Nicht zu vergessen die kastanienbraune Marron.

Marron gehört Shanna, die aus einer neuen Puppenserie stammt. Das Schöne an ihr ist, dass man alles an ihr biegen kann. Die alten Puppen haben steife Beine. Die kann man nicht gut auf einen Pferderücken setzen.

Gemeinsam mit Nadia spielt Tonke oft Reitschule.

Nadia bringt ein oder zwei eigene Spielzeugpferde und Puppen mit. Erst überlegen sie, welche Puppen an der Reitstunde teilnehmen dürfen. Danach vergeben sie die Pferde.

Jedes Mal müssen die Puppen auf ein anderes Pferd. Dann lernen sie besser reiten. Shanna zum Beispiel will immer auf Marron reiten. Sie hat Angst vor den anderen Pferden. Aber damit sind Nadia und Tonke nicht einverstanden.

Shanna kann ihre Angst nur überwinden, wenn sie lernt, dass andere Pferde auch brav sind.

Die männliche Puppe Brad darf allerdings immer auf den Friesenhengst Oedse. Er ist schwer und braucht ein starkes Pferd.

Zack ist der Reitlehrer. Zack ist Brads Zwillingsbruder. Sie sehen genau gleich aus, nur dass Brad einen Bart trägt.

Wenn Shanna Unterricht hat, dürfen die Jungenpuppen Timmy und Jimmy ebenfalls mitreiten.

Tonke und Nadia holen dann die Pferde aus dem Stall. Sie binden sie am Zaun des Außenplatzes fest. Die Puppen müssen dann ihre Pferde putzen und satteln.

Meistens dürfen die Kinder nur Dressur reiten. Sie sind noch nicht gut genug, um springen zu können. Aber Cavaletti dürfen sie schon laufen.

Dann legen Tonke und Nadia vier Stangen hintereinander auf den Außenplatz. Die Pferde müssen darüber traben.

Jimmy fällt sehr oft von seinem Pferd. Es ist ganz egal, auf welches Pferd man ihn setzt. Er ist einfach sehr wild.

Aber er hat sich noch nie etwas gebrochen.

Er kann gut fallen, denn er geht mit Timmy zum Judo.

Heh, verflixt, denkt Tonke auf einmal.

Shanna und Marron liegen in der Außenreitbahn auf der Seite. Sie sind umgefallen. Das ist sehr lästig.

Sie drückt auf die Klingel. Ihre Mutter ist schnell bei ihr.

„Was ist? Musst du schon wieder zur Toilette?"

„Nein, du sollst Shanna und Marron wieder hinstellen. Sie sind auf dem Außenplatz umgefallen."

Ihre Mutter macht ein schwer gekränktes Gesicht.

„Shanna und Marron hinstellen? Geht es dir noch gut? Du rufst mich doch wohl nicht, weil ein Spielzeugpferd umgefallen ist? Heute Mittag kommt Nadia. Bitte sie darum, dein Spielzeugpferd wieder aufzustellen. Ich werde jetzt die Wäsche aufhängen. Die echte Wäsche!"

Ihre Mutter stürmt aus dem Zimmer. Kurz darauf kommt sie zurück.

„Ach ja, da ist Post für dich gekommen. Eine Karte aus Drente."

Tonke grapscht die Karte aus den Händen ihrer Mutter. Es ist eine Ansichtskarte mit vielen Pferdefotos. Ein belgisches Zugpferd vor einem großen Planwagen, ein geschecktes Pony vor einer Kutsche und ein Fjordpferd vor einem Karren.

Auf der Rückseite steht: „Wir vermissen dich wirklich. Es ist wunderschön. Nächstes Jahr fahren wir wieder hierher. Hoffentlich kannst du dann mit. Viele liebe Grüße und gute Besserung von Tante Merel und Onkel Klaas."

Und darunter die Worte: „Brief folgt" und „Küsschen von Aafje", ihrer Kusine.

Daneben eine gekritzelte Sonne von einer gewissen Bianca, dem Mädchen, das ihren Platz bei der Planwagentour eingenommen hat!

Vor ein paar Monaten haben Tante Merel und Onkel Klaas sie gefragt, ob sie bei der Planwagentour mitfahren wollte. Sie selbst hatten nämlich keinerlei Erfahrung mit Pferden.

Tonke dagegen schon ... Und sie versteht sich gut mit Aafje, die wie sie zehn Jahre alt ist, also ...

Selbstverständlich wollte Tonke mit. Spannend, so eine Planwagentour!

Aber das ging jetzt natürlich nicht wegen ihres Unfalls. Sonst hätte sie jetzt auf dem Bock gesessen statt in ihrem Bett zu liegen. Dann hätte sie den blauen Himmel geradewegs über sich gehabt und die Sonne auf ihre Arme brennen gefühlt.

Es müssen draußen mindestens dreißig Grad sein. Na ja, drinnen sind es vermutlich sechzig.

Jetzt haben Tante Merel und Onkel Klaas eine Freundin von Aafje mitgenommen.

Himmel, was hat dieses Mädchen für ein Glück!

Bianca versteht auch etwas von Pferden, hat Tante Merel schon früher geschrieben, denn Bianca hat Unterricht in einer Reitschule.

Wie schön für Bianca, dass sie ach so viel von Pferden versteht!

Wie lange reitet sie schon in der Reitschule? Ob sie wohl schon mal ein Pferd geputzt hat? Oder einen Stall ausgemistet? Ob sie auch jedes Buch aus der Bibliothek liest, das etwas mit Pferden zu tun hat?

Tonke wirft die Ansichtskarte aus dem Bett.

Sie will gar nichts von den schönen Ferien von Aafje und Bianca wissen.

Einen Brief von Aafje braucht sie auch nicht. Was hat sie schon von einem Brief?

Wann kommt denn Nadia bloß? Ist es noch nicht ein Uhr?

Wenn ihre Freundin gleich kommt, werden sie Reitschule spielen, beschließt Tonke. Sie können sich gemeinsam ausdenken, was dort passiert, und Nadia kann die Puppen bewegen.

In Zukunft wird sie nur noch Reitschule spielen.

Die Minireitschule ist Tonkes Welt. Die kann sie wenigstens sehen.

Was in der Außenwelt passiert, weiß sie nur vom Hörensagen oder ... äh ... aus Briefen. Sie können ihr viel erzählen. Sie kann doch nicht mit eigenen Augen sehen, ob auch alles stimmt. Nein, sie will nichts mehr hören von dieser dummen Welt da draußen, sie hat ihre eigene Welt!

Leben in der Minireitschule

Tonke betrachtet grübelnd die Reitschule. Sie überlegt schon mal, welche Puppe heute in der Reitstunde welches Pferd reiten soll. Dann können sie gleich mit dem Spiel beginnen, sobald Nadia kommt.

Dann darf ... äh ... Kelly wieder mal mitreiten. Aber nicht auf dem Außenplatz. Dort liegen Shanna und Marron noch immer auf der Seite.

Kelly darf draußen reiten, gemeinsam mit Brad. Nein, besser mit Zack.

Zack ist jetzt nämlich in Kelly verliebt, denn Kelly ist die neuste Puppe. Sie hat wunderschöne lange blonde Haare. Tonke hat sie von ihrer Klasse geschenkt bekommen, mit Kleidern für Kelly. Reitkleidung natürlich, aber auch etwas für den Strand und ein Ballkleid!

Zum Glück können auch alle anderen Puppen die Kleider tragen, denn Tonke findet, so ein Ballkleid passe gar nicht zu Kelly.

Wenn Kelly mit Zack zu einem Fest geht, trägt sie einfach Jeans und ein hübsches T-Shirt.

Bevor sie Kelly hatte, war Zack verrückt nach

Brenda. Aber Tonke hat Brenda ein paar Mal mit in die Badewanne genommen und jetzt fehlen ihr ziemlich viele Haare an der Stirn. Sie ist also nicht mehr so hübsch. Tonke starrt auf ihre Reitschule. Wo ist Kelly?

Oh, sie sitzt im Sportwagen. Der steht vor den Ställen, neben dem Pferdeanhänger.

Brenda sitzt neben Kelly im Auto. Nein, Brenda darf nicht mit. Kelly und Zack reiten zusammen aus. Dann können sie sich vielleicht einmal küssen.

Tonke und Nadia lassen die Puppen nie küssen, wenn die anderen Puppen es beobachten können. Die werden dann nämlich eifersüchtig.

Welche Pferde gibt sie Kelly und Zack?

Zack reitet natürlich auf Oedse, dem großen Friesen, und Kelly …

Tonke wirft einen kurzen Blick auf die Weide, wo die Pferde stehen. Kelly darf auf … äh … sie darf auf …

Tonke betrachtet alle Pferde und denkt scharf nach, sie denkt sehr scharf nach. Soll sie ihr Quickstepp geben?

Nein, das ist keine so gute Kombination. Kelly hat sehr lange blonde Haare und Quickstepp ist ein Schimmel. Das passt nicht gut zusammen.

Übrigens läuft Quickstepp ein bisschen merkwürdig. Lahmt er oder hat er nur einen falschen Schritt gemacht?

Tonke kneift ihre Augen zusammen, um Quickstepp besser sehen zu können. Lahmt er nun oder nicht?

Sie späht und versucht, mit ihrem Blick die Reitschule und die Weide heranzuziehen, um alles besser erkennen zu können.

Sie zieht die Reitschule näher, sie zieht die Reitschule näher ...

Auf einmal schaut Tonke nicht mehr auf die Weide. Sie ist auf der Weide. Das Gras unter ihren Füßen ist weich. Es riecht auch wirklich nach Gras. Hat es gerade geregnet?

Quickstepp grast ganz in Tonkes Nähe. Sie geht auf ihn zu. Der Schimmel hebt kurz den Kopf und grast dann weiter.

„Mach mal ein paar Schritte“, sagt Tonke. Quickstepp läuft kurz weg und kommt dann zurück. Er schnüffelt an Tonkes Händen. Zum Glück lahmt er doch nicht, denkt Tonke.

Es ist auch vom Bett aus so schlecht zu sehen. Aber wie dumm, dass sie keine Leckereien dabeihat. Sie spürt Quickstepps weiche Lippen an ihrer Hand. Er leckt sie zwischen den Fingern.

Tonke streichelt dem Schimmel über seinen hübschen Kopf und stellt sich dichter neben ihn.

Jetzt kann sie ihn auch riechen. Er riecht nach Pferd in der Sonne und die Weide nach gemähtem Gras.

Wie sie diese Gerüche vermisst hat! Im Bett riecht sie bloß Waschmittel, ihren eigenen Schweiß und Erdnussbutter, Obst und warme Mahlzeiten. Tonke verlässt die Weide und geht auf die Reitschule zu. Ich hoffe nur, dass ich ein bisschen hier bleiben kann, denkt sie. Wie herrlich, sich wieder bewegen zu können. Ich hole ein Halfter und ein paar Leckerlis. Dann nehme ich Dexter von der Weide und lasse Kelly auf ihm reiten.

In der Sattelkammer findet Tonke, was sie sucht. Einen Futtereimer und die Pferdehalfter. Sie geht wieder zurück zur Weide.

Brenda läuft etwa zehn Meter vor ihr.

„Du darfst morgen wieder reiten", ruft Tonke ihr zu. „Setz dich ruhig ins Auto." Brenda scheint sie nicht zu hören. Sie geht auf Satan zu, den Araberhengst. „Komm Satan nicht zu nahe, hörst du, Brenda? Er ist viel zu gefährlich", sagt Tonke. Brenda zuckt mit den Schultern und läuft trotzdem zu Satan.

Himmel, was ist die eigensinnig, denkt Tonke. Satan kann man echt nicht trauen. Als Fohlen hat man ihn misshandelt. Deshalb vertraut er nun niemandem mehr.

Nur Nadia und sie selbst dürfen ihn anfassen.

Brenda legt Satan das Halfter um. Das geht noch gut.

Sie will ihn mitnehmen, von der Weide holen.

Und damit fängt das Theater an. Satan steigt. Er hebt Brenda einfach mit hoch.

„Lass ihn doch los, Brenda. Ich komme schon", sagt Tonke. Sie rennt auf Brenda zu.

Brenda beginnt, an Satans Halfter zu ziehen.

„Komm mit, Junge", sagt sie. „Ich habe bestimmt keine Angst vor dir."

Aber Satan bleibt stehen. Er weigert sich, auch nur einen Schritt zu machen.

Brenda gibt ihm mit dem Halfterstrick einen kleinen Schlag auf sein Hinterteil.

„Tu das nicht", will Tonke noch sagen, aber es ist zu spät.

Satan steigt noch einmal, aber jetzt viel höher. Seine Vorderhufe wirbeln durch die Luft.

Brenda muss zur Seite springen, um den Hufen zu entgehen. Als sie wieder Boden unter den Füßen hat, stolpert sie. Satan galoppiert davon, trabt dann aber zurück. Er schaut zu Brenda und entblößt die Zähne.

Brenda ruft ängstlich: „Hol den Gaul da weg. Hilfe, ich habe mir den Knöchel verstaucht."

Tonke geht auf Satan zu. Er beruhigt sich sofort, als sie ihn festhält. Vorsichtig streift sie ihm das Halfter ab. Sie klopft ihm den Hals und sagt: „Ganz ruhig, Satan. Du bist brav. Spiel du nur auf der Weide. Du brauchst nichts tun." Satan bleibt noch einen kurzen Moment bei Tonke stehen. Er sieht Brenda mit saurer Miene an. Als er merkt, dass Tonke nichts weiter von ihm will, beginnt er in aller Ruhe zu grasen.

Tonke läuft zu Brenda. „Ich helfe dir von der Weide. Kannst du aufstehen?"

Brenda steht auf einem Bein auf. Sie stützt sich ein bisschen auf Tonke und humpelt von der Weide.

„Äh, der Verbandskasten ist in der Sattelkammer", sagt Tonke, als sie den Stall erreicht haben. „Setz dich mal kurz hier auf den Stuhl."

Brenda setzt sich mit schmerzverzerrtem Gesicht auf den Stuhl.

Tonke legt einen Verband um Brendas Knöchel an und sagt: „Wie schade. Jetzt kannst du gar nicht reiten."

Brenda wirft ihr einen bösen Blick zu. „Ich durfte doch sowieso nicht reiten! Es ist einfach ungerecht, Kelly mit Zack ausreiten zu lassen. Du weißt doch, dass ich in Zack verknallt bin! Warum bist du so gemein?"

Tonke wusste überhaupt nicht, dass Brenda auf Zack stand. Sie wusste nur, dass Zack verrückt gewesen ist nach Brenda. Weil Nadia und sie sich das so ausgedacht hatten!

„Äh, ist Kelly etwa auch in Zack verknallt?", fragt sie.

„Ja, natürlich. Alle hier stehen auf Zack. Und sie versuchen alle, ihn mir auszuspannen."

„Oh." Tonke findet, dass Brenda ziemlich übertrieben reagiert. Ein kleiner Ausritt von Kelly und Zack, was ist da schon dabei?

„Tonke, he, Tonke! Hallo! Ich habe dir etwas mitgebracht."

Tonke hat das Gefühl, dass sie nach draußen gesogen wird. Als würde sie aus einem tiefen Schlaf erwachen, aber doch irgendwie anders. Sie schüttelt kurz den Kopf. Nein, Kopfschmerzen hat sie zum Glück nicht.

Dann erst bemerkt sie Nadia neben ihrem Bett.

„Oh, hallo Nadia. Ich glaube, ich habe gerade ein bisschen gepennt“, sagt sie.

Nadia legt einen Stapel Bücher neben Tonkes Bett. „Ich werde dir was vorlesen. Ich habe ein paar Gruselbücher mitgebracht. In Ordnung?“

„Nein“, sagt Tonke entschlossen. „Ich will mir nicht mehr vorlesen lassen. Ich will nicht mehr fernsehen. Ich will nichts über die Welt da draußen hören. Lass uns Reitschule spielen.“

„Aber wie denn? Du kannst doch nicht aus dem Bett?“

„Wir können uns doch zusammen etwas ausdenken? Du kannst die Pferde und die Puppen bewegen. Ich habe es gerade allein getan. Es macht echt Spaß.“

„Was hast du allein getan?“ Nadia geht zur Reitbahn. Sie stellt Shanna und Marron wieder hin.

„Na, Reitschule gespielt“, sagt Tonke. „In Gedanken. Kelly darf mit Zack ausreiten. Kelly darf auf Dexter und Zack auf den Friesen.“

„In Ordnung“, sagt Nadia und setzt sich neben der Reitschule auf den Boden.

„He, Brenda hat ja einen Verband um den Knöchel. Was ist denn mit ihr passiert? Hast du mit jemand anderem gespielt?“, fragt Nadia.

„Sie hat sich doch den Knöchel verstaucht, als sie so dumm war, Satan ...?“, sagt Tonke und dann erschrickt sie.

Wie ist es möglich, dass Brendas Knöchel verbunden ist? Sie hat mit niemand anderem mit den Pferden gespielt. Sie hat doch nur von der Reitschule fantasiert, oder?

Ach, vielleicht hatte Brenda ja schon lange einen Verband um den Knöchel. Das hat Nadia natürlich schon beim letzten Mal getan. Sie hat es einfach nur vergessen.

In der Reitschule werden so oft Wunden versorgt. Reiten ist eben kein ungefährlicher Sport.

Nadia hat den Vorfall schon wieder vergessen. Sie bindet Dexter und den Friesen an den Zaun des Außenplatzes. Sie hat Marron in den Stall gestellt.

Shanna darf jetzt neben Brenda im Sportwagen sitzen.

„Nicht fahren, hörst du, du bist noch viel zu jung", sagt Nadia zur Puppe.

Schon bald hat Nadia die Pferde gesattelt.

„Bei Dexter muss der Gurt noch festgezurrt werden", sagt Tonke.

Nadia macht es sofort.

Tonke fällt im Moment nichts ein, was sie Nadia tun lassen kann. Darum fragt sie: „Wusstest du, dass alle in Zack verknallt sind?"

„Was meinst du mit alle?"

„Nun, Kelly und Brenda. Vielleicht auch Shanna, obwohl sie noch sehr jung ist."

„Aber nein. Kelly ist in Zack verliebt und Brenda und Shanna beide in Brad. Das hatten wir doch so abgesprochen?"

„Als hätten wir da was zu sagen. Brenda hat es mir selbst erzählt. Sie stehen alle auf Zack. Natürlich weil er Reitlehrer ist.“

Nadia drückt die Puppen auf die Pferde und stellt sie auf den Pfad neben dem Außenplatz.

Das ist der Weg zum Wald.

„Man kann gar nicht mit Puppen reden“, sagt Nadia.

„Ich schon. Ich habe gerade mit den Puppen gesprochen. Mit Brenda. Und wenn du weg bist, rede ich mit Kelly.“

Nadia springt auf und schnappt sich ihren Rucksack vom Stuhl.

„Dann viel Spaß dabei, wenn du mit deinen Puppen redest. Ich komme jedenfalls nicht mehr. Du bist in der letzten Zeit überhaupt nicht nett zu mir. Du weißt alles besser. Ich komme zu früh oder zu spät. Die Bücher, die ich vorlese, sind nicht gut. Und jetzt reden auch schon die Puppen mit dir. Ich halte mich da in Zukunft raus.“

Ich kriege dich noch

Nadia will aus dem Zimmer stürmen.

„Es tut mir Leid“, ruft Tonke. „Entschuldige bitte, Nadia. Bitte, geh nicht weg. Es ist so scheußlich, nur im Bett zu liegen und nichts tun zu können. Ich, äh, ich erfinde nur ab und zu mal was, weil …“

Tonke steigen die Tränen in die Augen. Wenn Nadia jetzt auch noch weggeht, hat sie niemanden mehr!

Nadia setzt sich wieder neben die Reitschule.

„Also, wie spielen wir weiter?“, fragt sie, als sei nichts geschehen.

„Das darfst du bestimmen“, sagt Tonke und wischt sich mit einem Taschentuch die Tränen aus den Augen.

„In Ordnung.“

Nadia baut auf dem Außenplatz Hindernisse auf.

„Ich finde, Timmy und Jimmy müssten allmählich mal springen lernen“, sagt sie. „Es ist schade, dass ich meine Jungenpuppe nicht dabei habe. Der bekommt dann eben morgen eine private Springstunde.“

„Sind sie schon so weit, dass sie springen sollten?“

„Ja“, sagt Nadia. „Sie haben schon länger als ein Jahr Unterricht.“

„Darf Shanna auch mitmachen?“

„Nein“, sagt Nadia. „Die ist das letzte Mal auf dem Außenplatz gestürzt. Zum Glück ist sie nicht verletzt. Aber jetzt hat Shanna auch noch Angst vor Marron. Sie traut sich überhaupt nicht mehr zu reiten.“

„Und was jetzt?“, fragt Tonke.

„Wir nehmen sie gleich an die Longe“, sagt Nadia. „Auf Quickstepp, der macht keinen falschen Schritt. Dann gewinnt Shanna wieder Vertrauen.“

„In Ordnung“, sagt Tonke.

Sie sieht zu, wie Nadia die Pferde für Timmy und Jimmy sattelt.

Danach drückt Nadia die Puppen auf die Pferde. Sie bewegt sie durch die Bahn.

Erst müssen die Pferde im Schritt und im Trab über den Hufschlag. So werden sie warm. Danach müssen sie über farbige Stangen traben. Kurz darauf dürfen sie über ein Hindernis springen.

Nadia legt die Hindernisse für Tonkes Geschmack viel zu langsam höher.

Tonke regt sich in ihrem Bett allmählich ziemlich heftig auf. Sie findet diese dämliche Springstunde von Timmy und Jimmy eigentlich äußerst langweilig. Nadia macht es ja vielleicht Spaß. Sie darf ja auch die Pferde bewegen. Aber vom Bett aus kann sie nicht viel sehen.

„Meinst du nicht, Jimmy müsste mal herunterfallen?“, fragt sie Nadia. „Kiko kann sehr wild sein. Er wird gleich ganz scheußlich bocken, glaubst du nicht auch? Dann fällt Jimmy von Kiko und danach springt Timmy und fällt auch runter."

„Kiko bockt überhaupt nicht", sagt Nadia. „Im Gegenteil, er ist besonders ruhig. Deshalb darf Jimmy auf ihn. Von allen anderen Pferden fällt er runter, nur nicht von Kiko."

Tonke schüttelt heftig den Kopf. Das tut weh, aber das kümmert sie nicht. Es *muss* etwas geschehen mit einer ihrer Puppen.

„Okay, also dann fällt eben doch Timmy. Mitten in das Hindernis. Und dann muss er mit der Ambulanz ins Krankenhaus gebracht werden. Weil er sich den Rücken gebrochen hat."

„Wir haben keine Ambulanz", sagt Nadia.

„Dafür können wir doch den Pferdeanhänger benutzen?"

Aber das findet Nadia nicht echt genug.

Tonke liegt mit feuchtkalten Händen im Bett. Warum zum Kuckuck kann sie nicht richtig mitspielen? Warum ist sie in ihrem Bett gefangen?

Nadia gibt den Reiterpuppen neue Anweisungen.

„Timmy, bei C abwenden und dann über den Doppelsprung. Jimmy, du darfst ihm direkt folgen. Aber du musst gut aufpassen, dass du nicht zu dicht hinter Timmy bist. Jimmy, hörst du mich?"

Tonke hält nichts mehr und vom Bett aus ruft sie: „Au, schade, Jimmy, dass du heruntergefallen bist."

Sie wirft Nadia einen durchdringenden Blick zu. Nadia lässt Jimmy auf die Erde fallen.

Tonke redet weiter: „Wir hatten doch gesagt, du solltest dich nicht so dicht hinter Timmy halten. Jetzt hat dich ein Huftritt von seinem Pferd getroffen. Also, wenn ich das richtig sehe, hast du dir ein Bein gebrochen. Du musst ins Krankenhaus! Herrje, wir haben keine Ambulanz. Nun, dann bringen wir dich eben schnell mit dem Pferdeanhänger hin."

Dann sagt Tonke zu ihrer Freundin: „Man kann doch jemanden mit einem gebrochenen Bein ruhig mit dem Pferdeanhänger transportieren, oder Nadia?"

Nadia legt Jimmy in den Pferdeanhänger. Nein, sie legt ihn nicht, sie wirft ihn hinein! So behandelt man doch niemanden mit einem gebrochenen Bein?

„Sei doch vorsichtig", sagt Tonke.

„Ich gehe nach Hause", sagt Nadia und steht auf.

„Kommst du heute Abend noch mal?"

Nadia schüttelt den Kopf.

„Vielleicht morgen, wenn ich fertig gepackt habe für das Ponycamp", sagt sie. „Aber dann bringe ich meine eigenen Puppen und Pferde mit. Denn so macht mir das keinen Spaß."

Aber ja, dann geh eben, denkt Tonke, lass mich ruhig wieder allein.

Sie grüßt nicht, als Nadia sich verabschiedet.

Ihrer Freundin macht es natürlich wieder nichts aus, dass Jimmy mit einem gebrochenen Bein im Pferdeanhänger liegt.

Der arme Junge! Vielleicht muss er sogar operiert werden. Er muss auf jeden Fall ins Krankenhaus.

Und sie, Tonke, muss ihn retten, denn sonst kümmert sich niemand um ihn.

Tonke zieht die Reitschule näher heran ... und näher heran ...

„Der arme Jimmy muss sofort ins Krankenhaus", ruft Kelly, während sie nervös um den Pferdeanhänger rennt.

„Wo ist Zack? Wo ist Brad?"

„Zack muss die Pferde füttern", sagt Tonke. „Und Brad mistet die Ställe aus, glaube ich. Sollen wir beide Jimmy schnell ins Krankenhaus bringen?"

„In Ordnung", sagt Kelly. „Brenda, Shanna, steigt ihr mal kurz aus dem Sportwagen? Wir brauchen ihn, um Jimmy ins Krankenhaus zu bringen."

Shanna springt sofort aus dem Auto, aber Brenda setzt ein mürrisches Gesicht auf und steigt provozierend langsam aus.

Tonke setzt sich hinter das Steuer. Zum Glück hat der Sportflitzer ein Automatikgetriebe. Lenken, Gas geben und bremsen, einfacher geht es nicht.

Kelly braucht nicht zu wissen, dass Tonke noch nie zuvor ein Auto gesteuert hat.

Kelly kuppelt den Pferdeanhänger an das Auto. Vorsichtig fährt Tonke los, an den Ställen und der Weide vorbei.

Sie kommen durch eine Landschaft, die Tonke noch nie zuvor gesehen hat. Erst fahren sie durch sanft gewellte grüne Hügel. Sie sind ganz allein auf einem schnurgeraden Weg. An beiden Seiten der Straße befinden sich Weiden mit schönen weißen Einzäunungen und Pferden. Überall laufen Pferde.

Tonke gewöhnt sich an das Fahren und ihr Selbstvertrauen wächst. Sie gibt mehr Gas.

Der Wind lässt ihre Haare nach hinten wehen und Tonke würde gern laut schreien vor Vergnügen. Endlich hat sie wieder das Gefühl, dass sie lebt.

Da ist eine Kreuzung.

Tonke weiß nicht, ob sie nach rechts oder links muss, aber Kelly streckt ihren Arm nach rechts aus, also wird das wohl die richtige Richtung sein.

Tonke nimmt die Kurve mit quietschenden Reifen.

Sie fahren nun auf einer Straße, die am Meer entlang führt.

Tonke lacht ausgelassen. Sie fühlt sich frei.

„Fahr vorsichtig, hörst du?", ruft Kelly neben ihr. „Wir haben noch einen Pferdeanhänger hinter uns."

„Wir dürfen keine Minute verlieren", schreit Tonke über den Wind hinweg. „Jimmy geht es schlechter." Über ihren Rückspiegel kann sie einen Blick in den Pferdeanhänger werfen. Jimmy liegt ganz ruhig und schläft, aber das braucht Kelly nicht zu wissen.

Sie will einfach schnell fahren, mal so richtig rasen.

Vor ihnen fährt ein altes Auto im Schneckentempo. Die Straße wird belebter. Tonke hupt ein paar Mal und saust dann an dem Auto vorbei. Jetzt hat sie ein Fahrzeug mit Wohnwagen vor sich.

Die Küstenstraße ist kurvig, also darf sie eigentlich

nicht überholen, aber das ist Tonke egal. Sie drückt aufs Gaspedal und das Auto schießt davon.

Es ist schließlich nicht umsonst ein Sportwagen.

Als sie auf Höhe des Wohnwagens ist, sieht sie auf der Gegenfahrbahn ein Motorrad heranbrausen. Es fährt haarscharf an ihnen vorbei.

Kelly sitzt mit weißem Gesicht neben Tonke.

„Wir müssen da hinten rechts abbiegen. Das Krankenhaus ist hier ganz in der Nähe."

Kurze Zeit später sind sie schon wieder auf dem Rückweg.

Sie haben Jimmy gerade bei der Unfallhilfe eingeliefert und Kelly hat seine Mutter angerufen.

„Würdest du bitte etwas langsamer fahren?"

Kelly hört sich wirklich sehr ängstlich an, also tut Tonke ihr den Gefallen.

Jetzt, da sie langsam fährt, kann sie sich auch die Gegend besser anschauen. Das Meer ist wunderbar blau und die Strände sind weiß und ganz leer. Tonke schließt für einen Moment die Augen und genießt die warmen Sonnenstrahlen auf ihren Wangen. Wie sehr sie die Sonne vermisst hat!

Als sie kurz darauf zu Kelly sieht, merkt sie, dass sie weint.

„Liebeskummer?", fragt Tonke.

„Was?", sagt Kelly.

„Ich sah euch heute Mittag zusammen", sagt Tonke dann. „Als ihr ausgeritten seid. Habt ihr euch schon geküsst?"

Kelly hört auf zu weinen und wird sogar rot.

„Nein, so bin ich nicht“, sagt sie zu Tonke.

„Nimm dich bloß in Acht vor Brenda“, sagt Tonke. „Brenda ist total verrückt nach Zack. Und sie will ihn nur zu gerne küssen. Aber Zack sie nicht, glaube ich. Brendas Haare sind nicht mehr so schön. Als ich sie mit in die Badewanne genommen habe, habe ich ihr aus Versehen ein paar Strähnen herausgerissen. Jammerschade. Jetzt ist sie an der Stirn etwas kahl.“

Kelly sieht Tonke verblüfft an.

„Brenda ist schwer krank gewesen. Deshalb hat sie vorne keine Haare mehr“, sagt sie. „Sie hat es mir selbst erzählt. Ihr Haar beginnt schon wieder zu wachsen, meint sie.“

„Nein, bestimmt nicht, ich habe ihr Haare ausgerissen und weg ist weg bei einer Puppe“, sagt Tonke.

Kelly dreht sich ungläubig um.

„Du begreifst das nicht, was?“, sagt Tonke. „Aber Brenda gehört mir. Und du gehörst auch mir. Ihr seid Spielzeug. Aber mit deinen Haaren werde ich schonend umgehen. Ich habe dich von der Schulklasse geschenkt bekommen, als ich im Krankenhaus lag. Jedes Kind aus der Klasse hat etwas dazugegeben. Du wirst so um die dreißig Mäuse gekostet haben.“

„Das ist nicht wahr“, sagt Kelly.

Tonke lenkt das Auto auf einen Parkplatz. Es scheint, als stünden sie am Rand der Welt. Um den Parkplatz herum sieht sie keine Zäune, sondern überall Abgrund. Sie stehen auf einer Klippe!

Nicht vergessen, die Handbremse anzuziehen, denkt Tonke. Dann wendet sie sich an Kelly.

„Doch, das ist wirklich so“, sagt Tonke. „Ich habe dir deinen Namen gegeben und Brenda ebenfalls. Alles Namen aus Beverly Hills. Nadia hat eine Puppe namens Donna und eine Andrea.“

Kelly beginnt Tonke auszulachen.

„Und du bist dann sicher die Oberpuppe? Du hast dir deinen Namen bestimmt selbst ausdenken dürfen! Tonke! Wie kommst du zu so einem Namen?“

„Tu doch nicht so blöd. Ihr seid Puppen. Ich bin ein Mensch. Ich habe einen Vater und eine Mutter und die haben sich meinen Namen ausgedacht. Ich bin nach einer berühmten Schriftstellerin benannt worden.“

Kelly schüttelt ihren Kopf hin und her und prustet dann vor Lachen heraus.

„Dann bin ich auch ein Mensch, haha. Ich weiß nicht, was ein Vater oder eine Mutter ist, aber ich weiß wohl, dass wir alle gleich sind. Das war das Erste, was sie mir erzählt haben, als ich aus der Maschine kam.“

Plötzlich wird Kelly sehr böse und ruft: „Wir werden alle nach demselben Entwurf gefertigt. Nur unsere Haarfarbe ist unterschiedlich. Du bist wirklich nicht besser als ich, auch wenn du aus einer anderen Fabrik kommst.“

Diese dämliche Kelly, sie begreift aber auch wirklich gar nichts, denkt Tonke. Wie soll sie ihr das jetzt bloß erklären?

„Ich komme nicht aus einer Fabrik, sondern aus

einer anderen Welt. Aber ich kann in eure Welt eintreten, weil ich mir den Rücken gebrochen habe und im Bett liege und aus Langeweile anfange zu fantasieren."

Kelly beginnt zu lachen. Sie schaut sich um und wedelt mit ihrem Arm in alle Richtungen.

„Wo ist denn dein Bett? Ich kann es nicht sehen."

„Das kannst du von hier aus auch nicht sehen. Mein Bett steht in der anderen Welt. Der äh ... Außenwelt."

„Und du hast dir den Rücken gebrochen? Davon sehe ich auch nichts."

„Das siehst du nur im Bett in der Außenwelt."

Kelly presst die Lippen aufeinander.

„Du fantasierst."

„Das hast du gut erkannt. Wenn ich auf dem Bett liege, denke ich mir etwas über euch aus. Und dann bin ich plötzlich bei euch."

„Du bist nicht ganz bei Trost."

„Ich bin sehr wohl bei Trost. Es ist wahr, was ich sage. Ich bin ein Mädchen und ich heiße Tonke. Ich denke mir einfach nur aus, dass meine Puppen lebendig werden."

Kelly funkelt sie böse an.

„Du bist eine Puppe und du bildest dir ein, dass du auf dem Bett liegst und dir den Rücken gebrochen hast. Du bist nicht ganz gescheit. Wer träumt denn davon, dass er sich den Rücken gebrochen hat?"

Kelly öffnet die Tür des Sportwagens und steigt aus.

Tonke ruft ihr nach: „Komm doch zurück, dann fahren wir zur Reitschule. Ich kann dir beweisen, dass ich keinen Unsinn rede. Wenn ich in der Außenwelt bin, dann lasse ich Nadia Brendas Kopf kahl scheren. Dann haben wir was zu lachen. Und dann hast du Zack für dich. Nun, was hältst du davon?"

Kelly fängt wieder an zu lachen.

„Tonke ist nun ganz verrückt, ich bin entzückt", singt sie und macht ein paar Tanzschritte dabei.

„Du kannst froh sein, dass ich nicht deinen Kopf kahl scheren lasse", ruft ihr Tonke nach.

Kelly lacht noch lauter.

Tonke fährt weg, ohne Kelly. Ich kriege dich noch, denkt sie.

Diese Kelly mit ihren unschuldigen blonden Haaren ist eigentlich genauso schlimm wie diese unangenehme, eigensinnige Brenda.

Sie haben wirklich beide mal eine Lektion verdient!

Ferienfotos

„Da ist ein dicker Briefumschlag aus Drente", sagt Tonkes Mutter. „Willst du ihn selbst lesen oder soll ich ihn dir vorlesen? Er ist von Aafje."

Wieder scheint es, als würde Tonke von ganz weit zurückgeholt. Als wäre etwas aus ihrem Kopf geflogen, das jetzt aus der Luft gegriffen und zurückgebracht wird.

Mamas Stimme. Ja, sie ist wieder da. Aber diesmal hat sie kein gutes Gefühl übrig behalten. Tonke ist ziemlich wütend auf Kelly.

Na bitte, nun ist sie wieder in der echten Welt. Sie hat einen gequetschten Halswirbel. Sie liegt im Bett. Die Kranke bekommt Post!

„Uh, ich lese ihn schon selbst", sagt Tonke mit schläfriger Stimme. Sie findet es schon schlimm genug, dass ihre Mutter all ihre Ansichtskarten vorliest. Ihre Mutter wedelt mit dem Briefumschlag vor ihrem Gesicht und schiebt dann ihren Fingernagel zwischen die zugeklebten Ränder.

„Nein, Mama, ich öffne ihn schon selbst!" Tonke nimmt ihrer Mutter den Umschlag aus der Hand.

Diese fragt: „Darf ich ihn nachher auch lesen?“

„Vielleicht“, sagt Tonke und scheucht ihre Mutter hinaus.

Tonke betrachtet erst die Fotos, die sich im Umschlag befinden.

Auf dem ersten Foto ist ein Fjordpferd zu sehen, das vor dem Planwagen steht. Tante Merel sitzt auf dem Kutschbock, neben ihr Aafje und irgendein dummes Kind. Auf die Rückseite hat Tante Merel etwas geschrieben:

Dies ist Alexandra, die Fjordstute, die uns eine Woche
lang begleitet. Alexandra ist kugelrund. Sie bewegt sich
noch langsamer als dein Onkel Klaas, der oft neben dem
Planwagen herläuft. Neben mir auf dem Bock sind
Aafje und Bianca.

Auf dem nächsten Foto sitzt die ganze Familie um einen Campingtisch beim Planwagen. Die Fjordstute steht daneben und schaut zu. Sie hat nur ein Halfter um. Tante Merel hat wieder auf die Rückseite geschrieben:

Herrlich, jeden Morgen so mitten in der Natur ge-
meinsam zu frühstücken. Alexandra kennt uns schon
gut. Sie ist gerne in unserer Nähe. Sie ist schon etwas
Besonderes. Bianca kommt gut mit ihr zurecht Sie
zäumt sie jeden Morgen auf. Gestern sind Aafje und
Bianca auch auf dem Pony geritten.

„Bianca kommt gut mit ihr zurecht", wiederholt Tonke den Satz laut. „Ziemlich logisch bei einem Fjordpferd. Mit Fjordis kommt jeder zurecht. Zahmere Pferde gibt es ja überhaupt nicht."

Tonke wird immer missmutiger, je mehr Fotos sie betrachtet.

Bianca und Aafje zusammen auf Alexandra.

Aafje und Bianca beim Schwimmen in einem See.

Oh, zum Glück haben sie nicht nur Ferien: Bianca und Aafje lachend beim Abwasch.

Und was ist das?

Alexandra, die Fjordstute, wie sie auf dem Boden liegt.

Zur einen Seite ihres Kopfes Aafje. Zur anderen Bianca. Hintendrauf steht:

Alexandra liebt es, sich zu sonnen. Wir haben einen wunderbar ruhigen Strand an einem kleinen See gefunden. Aafje, Bianca und ich vergnügen uns am Strand. Klaas bleibt beim Planwagen und dem Pony. Alexandra ist an einem langen Seil festgebunden. So kann sie grasen, aber am liebsten liegt sie in der Sonne.

Was für ein Unsinn, denkt Tonke. Wenn es so warm ist, gehen Pferde immer in den Schatten.

Diese dämliche Bianca wird wahrscheinlich gesagt haben: „Lasst das Pferd einfach in der Sonne liegen. Das tut ihm gut."

Arme Alexandra! Die Stute hat sich natürlich einen

Sonnenstich eingefangen. Sie wird in der Zwischenzeit vermutlich bereits tot sein.

Arme, arme, arme Alexandra. Wie traurig für das Tier.

Die Stute sieht wirklich lieb aus. Sie hat ein hübsches Gesicht, ein witziges Gesicht.

Tonke starrt lange auf das Foto. Plötzlich steht sie vor Alexandra. Die Stute liegt auf einem Bett aus Blättern.

Tonke streckt ihre Hand aus, damit das Pony sie beschnüffeln kann.

Alexandra will aufstehen, aber Tonke sagt: „Nur ruhig, ich bin es, Tonke. Ich kenne dich schon von den Fotos. Aber Tante Merel hat kein Foto von mir bei sich. Deshalb kannst du mich noch nicht kennen. Bleib nur ruhig liegen und rieche an meiner Hand."

Alexandra ist beruhigt. Sie fühlt sich sogar so wohl, dass sie ihren Kopf auf den Boden legt. Sie streckt ihre Beine wie eine Katze. Ihr Hals ist leicht schwitzig.

Verrückt, denkt Tonke. Ein paar Meter weiter ist alles schattig. Es gibt genug zu grasen. Aber die Stute scheint lieber in der Sonne zu liegen.

„Hallo Tonke", sagt plötzlich Onkel Klaas hinter ihr. „Lauf mal schnell zum Wasser. Aafje und Tante Merel sind dort. Ganz schön warm, was? Ich schätze, wir haben gut dreißig Grad."

Tonke gibt ihrem Onkel einen Kuss.

Wie merkwürdig, dass Onkel Klaas gar nicht erstaunt ist, sie zu sehen.

„Aafje, Bianca, Tonke, wir fahren weiter zum nächsten Nachtlager. Kommt ihr aus dem Wasser?" Tante Merel steht am Rand des Gewässers und winkt.

Bianca rennt sofort zu ihr.

Aber Tonke taucht noch einmal unter. Sie schwimmt schnell zu Aafje. Sie hält einen Fußknöchel ihrer Kusine fest. Aafje fängt an, mit den Beinen zu strampeln.

„Ein Hai, ein Hai", schreit sie, als wäre sie in Todesangst.

Tante Merel steht am Rand und lacht laut.

„Los Mädchen, kommt schnell aus dem Wasser. Wir müssen noch irgendwo etwas einkaufen. Es ist schon vier Uhr. Ich habe keine Ahnung, in welchem Dorf ein Supermarkt ist."

Tonke greift nach dem Handtuch, das die Tante ihr reicht, und trocknet sich ab. Herrlich, ihr Körper, die Sonne auf ihrer Haut ... was ist das lange her.

Aafje und Tonke ziehen sich im Planwagen um. Bianca spannt zusammen mit Onkel Klaas Alexandra an.

Er führt die Stute auf die Straße.

„Der einzige Supermarkt in der Nähe ist in Borger, habe ich gerade gehört."

Tante Merel macht ein besorgtes Gesicht.

„Das sind ungefähr zehn Kilometer und Alexandra macht etwa drei Kilometer pro Stunde. Wie sollen wir das bloß schaffen? Wir sollten für heute Abend am besten ein paar Fritten besorgen oder so etwas. Aber für morgen habe ich auch kein Frühstück. Das Brot ist aufgegessen und Milch haben wir auch nicht mehr."

„Alexandra kann doch traben", sagt Tonke.

„Traben?", fragt Tante Merel.

„Ja, traben. Jedes Pferd kann traben. Habt ihr Alexandra etwa noch nie traben lassen?"

Tante Merel und Onkel Klaas werfen Bianca einen anklagenden Blick zu.

„Du sagtest doch, man dürfe ein Fjordpferd nicht traben lassen?"

„Nein äh, ich meinte ... äh ... man muss auf ihre Hufe achten", sagt Bianca betreten. „Pferdehufe sind sehr empfindlich. Vor allem auf befestigten Wegen."

„Deswegen hat sie Hufeisen", sagt Tonke. Sie denkt: Ist die blöd, diese Bianca.

„Nun, dann sorge du mal dafür, dass wir rechtzeitig in Borger ankommen, Tonke", sagt Tante Merel gereizt. „Ich räume den Planwagen auf. Klaas, du musst mir dabei helfen."

Tonke sitzt mitten auf dem Kutschbock. Zu ihrer Rechten hat Aafje, zu ihrer Linken Bianca Platz genommen.

Tonke hält die Zügel fest in den Händen.

„Ta-rab, Alexandra! Ta-rab! Vorwärts!", sagt sie im Befehlston. Tonke schlägt leicht mit den Zügeln auf die Hinterbacken der Stute. Alexandra fällt in Trab.

Aafje schaut Tonke voller Bewunderung zu.

„Ich wusste gar nicht, dass Alexandra so gut gehorcht", sagt sie.

Dann flüstert sie Tonke ins Ohr: „Auf Bianca hört sie nicht. Bianca hat keinen Funken Pferdeverstand. Sie konnte Alexandra nicht einmal anspannen. Sie bekam das Gebiss nicht rein. Sogar mein Vater konnte es besser."

Tonke nickt und fragt Bianca: „Wie lange reitest du schon, Bianca?"

„Äh, ich habe schon meine zweite Reitstundenkarte."

„Und wie viel Streifen hat eine Karte?"

„Äh, zehn, weshalb?"

Bianca sieht Tonke ängstlich an. Sie begreift nicht, warum sie so ausgefragt wird. Es kommt ihr wie ein Kreuzverhör vor.

„Also hast du etwa elf oder zwölf Stunden gehabt?", fragt Tonke.

„Eher dreizehn oder vierzehn."

„Und dann verstehst du deiner Meinung nach etwas von Pferden?"

Bianca wendet beschämt den Blick von Tonke ab, aber sie sagt nichts.

So, das hat gesessen, denkt Tonke. Aber jetzt muss ich sehen, wie ich das dumme Ding noch loswerde. Ich habe keine Lust, sie den ganzen Rest der Ferien am Hals zu haben.

„Tonke, wir müssen uns beeilen. Uns bleibt nur noch eine Stunde, bevor die Geschäfte schließen. Wir sind noch lange nicht da", sagt Aafje.

„Haltet euch gut fest", antwortet Tonke.

Im Galopp

Tonke nimmt die Zügel sehr kurz. „Ga-lopp, Alexandra, Ga-lopp!“, ruft sie.

Die Stute galoppiert an.

Der Planwagen schlingert erst etwas hin und her. Tante Merel zieht die Plane hinter dem Bock auf.

„Was ist los? Ist Alexandra durchgegangen?“

„Nein“, antwortet Tonke. „Wir haben einen höheren Gang eingelegt. Wir haben es doch eilig, oder?“

Tante Merel verschwindet wieder nach hinten.

Alexandras Hufe klappern auf dem Pflaster. Ab und zu schlagen ihre Hufeisen Funken.

Alexandra scheint es im Galopp zu gefallen. Tonke braucht sie nicht einmal anzuspornen. Die Stute läuft immer schneller.

„Wir müssen dort rechts abbiegen“, ruft Aafje.

Jetzt sieht auch Tonke das Schild. Borger, 5 km.

Sie lenkt Alexandra nach rechts.

Der Planwagen legt sich schräg in die Kurve. Tante Merel und Onkel Klaas schreien von hinten.

Danach müssen sie eine kleine Brücke überqueren. Sie ist ziemlich schmal.

Von der anderen Seite kommt ein Radfahrer entgegen.

„Zur Seite“, ruft Tonke. Auf der Brücke ist nicht genügend Platz für den Radfahrer und den Planwagen.

Oh, oh, das geht schief, denkt Tonke.

Aber der Radfahrer ist zum Glück nicht auf den Kopf gefallen.

Kurz bevor sie auf die Brücke stürmen, hebt er sein Fahrrad hoch. Er wirft es einfach über die Brüstung. Dann springt er selbst hinterher.

Puh, keinen Unfall gebaut, denkt Tonke.

Sie galoppieren weiter. An Weiden und Bauernhöfen vorbei. Durch ein schnuckeliges Dorf. Wie gut, dass es nirgends Ampeln gibt.

Überall kommen Leute aus ihren Häusern. Sie haben Alexandra gehört. Sie denken, dass ein Pferd durchgegangen ist. Aber dem ist nicht so. Tonke hält die Zügel fest in den Händen.

Alexandra tut genau, was Tonke will.

„Nach links, nach links“, brüllt Aafje, die immer noch auf die Schilder achtet.

Tonke wirft einen kurzen Blick auf Bianca. Das Mädchen sitzt mit weißem Gesicht neben ihr.

Haha, sie leidet Todesängste, denkt Tonke.

Sie ist wirklich nicht für eine Planwagentour geeignet. Auf so einer Tour muss man schon ein bisschen Mumm in den Knochen haben.

„Tante Merel, Onkel Klaas, lehnt euch dagegen“, ruft Tonke. „Wir biegen links ab.“

Der Planwagen liegt nun ziemlich schräg in der Kurve. Onkel Klaas und Tante Merel lehnen sich mit ihrem ganzen Gewicht nach rechts.

Tonke muss Alexandra sehr gut lenken, sonst fliegen sie aus der Kurve.

Die Räder knarren und der Planwagen schlingert um die Ecke. Aber es geht gut.

Da ist schon das Ortsschild „Borger".

Tonke zieht plötzlich heftig an den Zügeln.

Die Stute muss sich gegen das ganze Gewicht des Planwagens stemmen.

Sie ist sehr stark, denn sie bleibt sofort stehen.

Einige Leute stehen in ihren Gärten. Auch sie haben natürlich gedacht, dass da ein Pferd durchgeht. Da sie jetzt sehen, dass Tonke die Zügel in der Hand hält, sind sie beruhigt. „Frag mal, wo der Supermarkt ist", sagt Tonke zu Aafje.

„Wo ist der nächste Supermarkt?", fragt Aafje einen Mann auf dem Bürgersteig.

„An der Kreuzung links, dann einen Kilometer geradeaus, da ist der Supermarkt. Es ist eine Vorfahrtsstraße, man kann dort also nicht parken. Man muss kurz vor dem Supermarkt eine kleine Seitenstraße nach rechts nehmen. Dort kann man den Planwagen abstellen", antwortet der Mann.

Alexandra tänzelt vor Ungeduld auf der Stelle.

„Vielen Dank", sagt Tonke und gibt Alexandra wieder die Zügel. Die Stute sprintet los.

„Da ist die Kreuzung", sagt Aafje. „Vorsicht, es ist

viel Betrieb.“ Der Verkehr kommt von allen Seiten. Jeder scheint dieselbc Straße hinein oder hinaus zu wollen.

Sie sollen Platz machen, denkt Tonke. All diese Leute haben ihre Einkäufe doch bestimmt schon erledigt.

„Bianca, du musst das Zeichen geben, dass wir nach links abbiegen“, sagt Tonke.

Bianca muss die Lehne loslassen, an der sie sich die ganze Zeit festgehalten hat.

Sie streckt ihren linken Arm aus.

„So kann niemand deinen Arm sehen“, sagt Tonke. „Stell dich dabei hin.“ Mit zitternden Beinen steht Bianca auf und streckt ihren Arm so weit wie möglich aus.

In dem Moment lenkt Tonke Alexandra nach links. Das rechte Rad streift kurz den Bürgersteig. Der Planwagen neigt sich schräg nach links und Bianca fällt vom Wagen.

Tonke sieht gerade noch, wie Bianca mit dem Kopf auf dem Asphalt aufschlägt. Gleich darauf wird sie von einem Bus überfahren, der von der anderen Seite kommt. Blut spritzt auf, als hätte man einen Springbrunnen angeschlossen.

Auf Nimmerwiedersehen, denkt Tonke.

Dann ist sie mit ihrem Kopf wieder bei Alexandra.

„Lauf zu, gib alles, was du hast“, ruft sie.

Alexandra wird noch schneller. Der Planwagen schwankt von einer Seite zur anderen. „Da ist der

Supermarkt“, schreit Aafje aufgeregt. „Äh, und da ist die Seitenstraße. Bremsen, Tonke, sonst schaffen wir es nicht.“

Tonke zieht die Notbremse. Sie holt die Zügel ganz ein und Alexandra reagiert sofort. Sie stemmt sich wieder gegen das Gewicht des Planwagens. Im Schritt biegen sie in aller Ruhe in die Seitenstraße ein.

Aafje ruft nach hinten, dass sie beim Supermarkt angekommen sind.

Tante Merel und Onkel Klaas springen an der Rückseite des Planwagens heraus. Sie rennen zum Supermarkt. Ein paar Einkaufstaschen flattern hinter ihnen her.

„Es ist fünf vor sechs“, sagt Aafje. „Ich hoffe, dass meine Uhr richtig geht. Jesses, was für eine Fahrt! Du kannst aber gut lenken! Das hätte niemand besser machen können.“

„Das war ein Kinderspiel“, sagt Tonke. „Das kann jeder, der etwas von Pferden versteht.“

Sie springt vom Kutschbock und geht zu Alexandras Kopf.

Die Stute schnaubt heftig. Ihr ganzer Körper ist schweißnass und sie dampft. Ihr dicker Bauch ist verschwunden.

Aafje kommt mit einem Eimer Wasser angelaufen.

„Das Wasser ist schön kalt geblieben“, sagt sie und will Alexandra tränken.

„Niemals einem Pferd kaltes Wasser geben, wenn es

gerade hart gearbeitet hat", sagt Tonke. „Dann kriegt es eine Kolik. Gibt es nirgends lauwarmes Wasser?"

Aafje geht nach hinten in den Planwagen. Kurz darauf kommt sie mit dem Teekessel zurück.

„Hier sind noch ein paar Schluck warmes Wasser drin", sagt sie. „Ich nehme an, meine Mutter hat gerade Tee aufgebrüht."

Tonke schüttet das kalte Wasser aus dem Eimer und gießt den Inhalt des Teekessels hinein.

„Hier, Alexandra, langsam trinken", sagt sie.

Alexandra taucht den Kopf in den Eimer und beginnt gierig zu saufen. Das Wasser ist schnell weg. Sie wirft Tonke einen Blick zu, als wolle sie sagen: „Gibt es etwa nichts mehr?"

„Du bekommst gleich noch was, wenn wir auf dem Campingplatz sind und du nicht mehr so schnaufen musst", sagt Tonke. „Wohin fahren wir genau?", will sie dann von Aafje wissen.

„Ich dachte, nach Buinen", antwortet Aafje. „Das ist nur drei Kilometer von hier entfernt."

Da kommen Tante Merel und Onkel Klaas wieder zurück. Beide tragen prall gefüllte Einkaufstaschen. Tante Merel reicht Tonke eine der Taschen.

„Für dich, Mädchen, weil wir durch deine Geschicklichkeit im Lenken etwas zu essen haben."

Tonke wirft einen Blick in die Tasche und leckt sich die Lippen. Sie sieht allerlei Sorten Lakritze. Schokolade, Chips. Coladosen und Orangensaft.

Als Erstes öffnet sie die Chipstüte. Die hat sie am längsten nicht mehr gegessen. Tonke grapscht die Chips einfach aus der Tüte und stopft sie sich in den Mund. Sie fährt damit fort, bis die Tüte leer ist. Jetzt ist ihr Hunger ein wenig gestillt.

„Wir müssen weiter", sagt sie dann. „Alexandra darf nicht so lange still stehen, dazu ist sie zu nass. Dann wird sie krank."

„In Ordnung. Wir verstauen die Einkäufe im Planwagen und werden unterwegs anfangen zu essen", sagt Onkel Klaas. „Ich glaube, jetzt können wir ein bisschen ruhiger fahren, oder?"

Haha, denkt Tonke. Sogar Onkel Klaas hat Angst gehabt.

„Wo ist eigentlich Bianca?", fragt Tante Merel.

„Ich habe sie schon eine ganze Weile nicht mehr gesehen", sagt Aafje. „Ich dachte, sie sei mit euch in den Laden gegangen?"

„Nein", sagt Tante Merel und schaut sich suchend um.

„Äh, ich habe sie unter äh ... in einen Bus einsteigen sehen", sagt Tonke. „Sie, äh, hatte Heimweh, glaube ich. Sie wollte lieber nach Hause."

Tante Merel macht ein erleichtertes Gesicht.

„Es ist nur gut, dass sie weg ist. Sie kann überhaupt nicht kutschieren und sie gehört auch nicht zur Familie. So zu viert ist es sowieso viel gemütlicher."

Die Riesen von Drente

Hallo Tonke,

es ist so schade, dass du uns auf der Planwagentour nicht begleiten konntest. Ich hoffe, dass wir nächstes Jahr noch einmal fahren. Dann darfst du bestimmt mit, hat Mama gesagt. Hoffentlich ist dann dein Rücken wieder gesund.

Es ist hier echt schön. Tagsüber ist es sehr warm, aber nachts ziemlich kalt. Bianca und ich schlafen in einem Zelt. Wir frieren nicht so sehr. Aber Mama und Papa klagen heftig über die Kälte. Sie versuchen, den Planwagen mit umgedrehten Blumentöpfen über dem Gas zu wärmen. Witzig, was? Und ich muss sagen, es hilft tatsächlich.

Die erste Nacht haben wir auf einem Bauernhof verbracht. Toll, sag ich dir! Wir standen mit insgesamt zwölf Planwagen auf einem Feld. Unser Pony Alexandra musste auf eine Weide gebracht werden, die einen Kilometer entfernt war. Dann hat Bianca Alexandra festgehalten und ich durfte auf ihren Rücken

klettern. Sie hat einen sehr breiten Rücken. Meine Beine standen fast im Spagat ab. Es war trotzdem ganz aufregend.
Mama hatte Pfannkuchen gebacken und irgendwann saßen alle zusammen in einem Kreis. Ein Junge hatte eine Gitarre dabei. Wir haben alle miteinander gesungen, das war ein Spaß.
In der nächsten Nacht haben wir auf einem anderen Bauernhof geschlafen. Es war ein Hof mit einem Campingplatz. Aber wir standen wieder auf einem anderen Feld. Dort lag ein Kälbchen an einem Seil. Es war erst am Tag zuvor geboren worden. Als die Kühe gemolken wurden, bekam es auch zu trinken. Ich fand es ziemlich traurig, so allein an einen Pfosten gebunden. Warum durfte es nicht bei seiner Mutter bleiben? Es könnte krank gewesen sein. Oder vielleicht war seine Mutter bei der Geburt gestorben.
Am nächsten Tag haben wir einen kleinen See mit einem sehr schönen Strand und sauberem Wasser entdeckt. Bianca und ich durften ganz lang im Wasser liegen und in der Sonne brutzeln. Papa blieb beim Planwagen. Alexandra durfte grasen.
Aber als wir viele Stunden später endlich wegfuhren, mussten wir noch einkaufen. Und es war bereits vier Uhr. Der nächste Supermarkt war etwa zehn Kilometer entfernt.

Tonke lässt den Brief sinken. Ein Schauer läuft ihr über den Rücken.

Wie kann es sein, dass sie schon über die Fahrt zum Supermarkt fantasiert hat? Sie hatte den Brief doch noch gar nicht gelesen?

Schnell liest sie weiter.

Der Supermarkt befand sich in Borger. Wir haben den ganzen Weg im Trab zurückgelegt. Zum Schluss hatte Alexandra absolut keine Lust mehr zum Traben.

Wir sind gerade noch rechtzeitig am Supermarkt gewesen. Fast hätten wir nichts zu essen gehabt. Spannend, sag ich dir!

Längst nicht so spannend wie unsere Fahrt, denkt Tonke. Was ist denn schon traben? Galopp ist doch viel spannender!

Dann liest sie weiter. Sie ist noch lange nicht fertig. Es sieht so aus, als hätte Aafje jeden Tag ein Stückchen geschrieben. Sie hat zwar immer denselben Stift benutzt. Aber bei jedem neuen Abschnitt ist die Handschrift etwas verändert. Als hätte sie immer auf einem anderen Untergrund geschrieben.

Gestern sind wir im Freilichtmuseum in Schoonoord gewesen. Es heißt „Die sieben Marken". Man kann darin sehen, wie die Menschen in Drente früher gewohnt haben. Die meisten Familien wohnten in Plaggenhütten. Die Kinder schliefen oft alle zusammen in

einem einzigen Bett. Wenn sie nachts zur Toilette mussten, ging das nur draußen, hinter dem Haus. Gruselig, was? Und kalt natürlich im Winter.
Auch die Tiere schliefen im Haus, beispielsweise eine Ziege oder ein Schaf. Im selben Raum, in dem die Menschen schliefen! Aber es gab auch Menschen, die noch in Höhlen wohnten, wie Ellert und Brammert.

Ellert und Brammert, Ellert und Brammert, wo hat sie diese Namen bloß schon mal gehört? Tonke zermartert sich das Gehirn auf der Suche nach der Antwort.

Ellert und Brammert ... Ellert und Brammert ...

Tonke schaut heimlich durch das Guckloch der Höhle.

Sie sieht dort zwei sehr große, derbe Kerle mit Bärten. Diese Männer haben sich schon geraume Zeit nicht mehr gewaschen. Sie stinken!

Obwohl Tonke hinter so etwas wie einer Erdmauer steht, kann sie die Männer doch riechen. Als sie weiter in die Höhle hineinschaut, erschrickt sie zu Tode. Auf einem Stuhl sitzt ein gefesseltes Mädchen. Es ist Nadia! Um ihren Mund ist ein Tuch gebunden.

Einer der Riesen ist dabei, ein großes Messer zu schleifen. Hinterlistig schaut er immer wieder zu Nadia.

Nadia steht Todesängste aus. Sie weiß, dass sie gleich ermordet werden soll. Sie weiß, dass keine Hilfe kommt, selbst wenn sie rufen könnte.

Sie sind am abgelegensten Ort Drentes. Nirgends sind Häuser zu erkennen.

Die Einzige auf der Welt, die ihr zu Hilfe eilen kann, bin ich, denkt Tonke.

Sie muss also was tun, aber was?

Plötzlich weiß sie es. Sie muss die Riesen zu sich locken.

Wenn sie sie sehen, laufen sie natürlich hinter ihr her. Sie rennt dann zum Planwagen und lässt Alexandra wieder scharf galoppieren.

In der Zwischenzeit kann sich Nadia bestimmt befreien und flüchten.

Tonke ruft durch das Guckloch: „Hallo, Ellert und Brammert, ich bin's, Tonke. Ihr möchtet doch gern ein leckeres Mädchen verspeisen? Nun, rein zufällig hat man mich gerade zum leckersten Mädchen der ganzen Welt erkoren."

Das spricht die Riesen an. Sie lassen ihre Beute sofort allein zurück und kommen aus der Höhle.

Tonke kann Nadia gerade noch zublinzeln. Nadia lacht erleichtert.

Dann rennt Tonke schnell weg. Sie achtet darauf, dass die Riesen sehen, welche Richtung sie einschlägt.

Ja, sie folgen ihr.

So schnell sie kann, rennt Tonke zum Planwagen. Der Karren steht auf dem Weg, der zur Pferdeverleihstation führt.

Vielleicht kann sie dort ein anderes Pferd vor den Wagen spannen. Alexandra wird müde sein.

Die Stute wiehert, als sie Tonke sieht.

Sie tänzelt schon vor Ungeduld auf der Stelle. Tonke springt auf den Kutschbock.

Aber da scheint noch ein anderes Mädchen zu sitzen. Es ist Ellen aus der Reitschule!

Tonke hat keine Zeit, sich danach zu erkundigen, was Ellen hier macht. Die Reise nach Portugal war sicherlich nur Prahlerei. Siehst du, man kann niemandem glauben. Tonke reißt Ellen die Zügel aus den Händen und ruft: „Galopp, Alexandra. So schnell es geht. Wir werden von zwei Riesen verfolgt."

Alexandra spannt ihre kräftigen Muskeln an und spurtet los.

Ellen hält sich krampfhaft an einer Lehne fest.

„Riesen, Riesen? Wo sind die Riesen? Wie groß sind sie?", jammert sie.

Tonke braucht nicht zu antworten.

Die Riesen rennen brüllend hinter ihnen her. Sie wirken jetzt noch größer als in ihrer Höhle. Sie sind bestimmt anderthalb mal so groß wie der größte Mann, den Tonke je gesehen hat. Sie sind sicher drei Meter groß! Und ihre Beine sind so lang, dass sie sehr große Schritte machen können.

Es ist nur die Frage, ob Alexandra schneller ist.

Ellert und Brammert haben ihre Arme ganz weit ausgestreckt. Sie versuchen, die Rückseite des Wagens zu erwischen. Wenn ihnen das gelingt, können sie den Planwagen zum Stehen bringen und dann wird Tonke ihr Abendessen sein.

„Schneller, schneller", schreit Tonke Alexandra zu. Die Stute strengt sich noch mehr an.

Plötzlich sieht Tonke das Schild der Pferdevermietung. Sie lenkt Alexandra nach rechts. Es ist eine sehr scharfe Kurve.

Sie sieht die Gebäude mit den Ställen näher kommen. Vor den Ställen befindet sich eine lange Stange, an der Pferde festgebunden sind.

Tonke erkennt Satan sofort. Er steht neben Corrado. Ein pechschwarzer Hengst neben einem schneeweißen Wallach.

Tonke springt von dem fahrenden Planwagen. Sie rennt auf Satan zu und löst das Seil. Sie schwingt sich in den Sattel und galoppiert davon.

Auch Ellen ist vom Kutschbock gesprungen. Sie sitzt schon auf Corrado und ruft Tonke zu: „Warte auf mich, warte auf mich."

Tonke spornt Satan an und in fliegendem Galopp reiten sie in den Wald.

Die Riesen sind für einen Moment auf einer falschen Spur. Sie sind Alexandra gefolgt, bis sie stehen blieb. Da erst wurde ihnen klar, dass ihr leckeres Häppchen nicht mehr auf dem Bock saß.

Brüllend vor Wut schauen sie sich um.

Ihre Blicke fallen auf ein Mädchen, das auf dem Reiterhof arbeitete.

Sie finden, es sähe auch lecker aus.

Aber das Mädchen gestikuliert heftig und ruft: „Da, sie reiten auf dem Waldweg. Seht ihr sie nicht?"

Ellert und Brammert setzen sich sofort wieder in Bewegung. Kurz darauf sind sie den Mädchen wieder dicht auf den Fersen.

Ihre großen Füße hämmern auf den Boden. Beide schwingen eine Keule in der Hand.

Corrado galoppiert etliche Meter hinter Satan. Er keucht wie ein Postkutschenpferd.

„Nicht so schnell", ruft Ellen. „Corrado kann nicht mit Satan mithalten. Hilfe."

„Jeder für sich und Gott für uns alle", ruft Tonke zurück.

Den Ausruf hat sie wahrscheinlich irgendwo gelesen oder gehört. Hier passt er gut.

Was geht sie das an, wenn Ellen geschnappt wird?

Tonke lenkt Satan mitten durch das Gebüsch. Sie setzen über umgestürzte Baumstämme und niedrige Sträucher.

Satan ist ein Rennpferd und das merkt Tonke. Sie scheinen zu fliegen.

Ellen und Corrado fallen immer weiter zurück.

„Warte auf mich, warte auf mich", ruft Ellen unablässig.

Die Riesen haben sie fast erreicht.

Aber Tonke ist schließlich nicht verrückt.

Ellen hat doch auch noch nie etwas für sie getan! Soll sie doch selbst sehen, wo sie bleibt!

In der Ferne sieht Tonke Wasser glitzern. Da liegt ein Waldsee.

Satan spurtet über den weißen Sand und rennt dann

einfach ins Wasser. Schon nach wenigen Metern ist das Wasser so tief, dass er schwimmen muss. Tonke hält sich an seiner Mähne fest.

Auch Ellen hat den Sand erreicht.

Corrado springt mit großen Sätzen ins Wasser und schwimmt hinter Satan und Tonke her.

Die Riesen bleiben am Ufer stehen. Es ist deutlich zu erkennen, dass sie Wasser nicht mögen. Sie haben sich wahrscheinlich noch nie im Leben gewaschen. Die Riesen setzen sich.

Tonke bedauert, dass sie in den kleinen See geflohen ist. Jetzt hat sie diese dämliche Ellen wieder am Hals.

Das Wasser ist verflixt tief.

Wie lange werden die Pferde durchhalten?

Auf der Flucht

Nach einer Weile erheben sich Ellert und Brammert wieder. Gemeinsam begeben sie sich auf die andere Seeseite.

Das ist ausgesprochen unangenehm, denkt Tonke. Die Riesen haben Zeit genug, uns zu packen, wenn wir aus dem Wasser kommen, egal, welche Seite wir auch nehmen.

Satan wird allmählich müde vom Schwimmen.

Ein Pferd ist ein Lauftier und kein Schwimmtier, denkt Tonke. Das ist wirklich eine Mistsituation. Was sollen wir tun?

Corrado ist noch viel schlechter dran. Der Kopf des Schimmels taucht ab und zu unter. Er kann einfach nicht mehr.

„Hilf mir doch, so hilf mir doch", weint Ellen. „Wir ertrinken. Darf ich mich an dir festhalten? Dann lasse ich Corrado los."

Das ist ja wohl der Gipfel, denkt Tonke. Sie lässt Corrado einfach ertrinken. Hauptsache, sie rettet ihre eigene Haut.

Aber sie sagt: „In Ordnung. Lass Corrado ruhig los."

Ellen schwimmt auf sie zu.

Plötzlich lenkt Tonke Satan in Richtung Ufer. Sie ruft Corrado, damit er ihr folgt. Ohne das Gewicht der Reiterin auf dem Rücken schafft es Corrado gerade noch so.

„Wo gehst du hin, warte auf mich“, ruft Ellen ängstlich.

Satan und Corrado haben schon festen Boden unter den Hufen.

Tonke bemerkt, dass Brammert auf sie zurennt.

Sie lässt sich auf eine Seite des Sattels rutschen und hält sich dort am Steigbügel und Satans Mähne fest.

Als Brammert näher gekommen ist, sieht er, dass gar kein Mädchen auf Satan reitet.

Im selben Moment beginnt Ellen aus der Mitte des Sees wieder zu rufen.

„Hilfe, Hilfe, ich kann nicht mehr. Ich ertrinke.“

Brammert ist verwirrt.

Er möchte ein leckeres Mädchen verspeisen, kein Pferd. Er muss so oft Pferd essen.

Schließlich rennt er zu Ellert zurück, um sich mit ihm zu beraten.

Die Pferde galoppieren aus dem Wasser und rennen auf den Waldweg.

Während der ganzen Zeit hat Tonke an einer Seite des Pferdes gehangen. Sie bekommt allmählich lahme Finger.

„Ho, Satan, halt an“, flüstert sie. Satan tut sofort, was sie sagt.

Auch Corrado steht gleich still. Der Schimmel kommt auf sie zu und bläst ihr dankbar ins Gesicht.

Die Pferde brauchen wirklich eine kleine Pause, denkt Tonke.

Etwas weiter entfernt sieht sie eine wunderbare Wiese.

„Hier könnt ihr beide in aller Ruhe grasen und euch ausruhen“, sagt sie zu den beiden Pferden. „Ich gehe mal eben zurück, um zu sehen, was die Riesen im Schilde führen.“

Die Pferde sind nur zu froh, dass sie ihren Hunger stillen können.

Tonke schleicht sich zu dem kleinen See zurück. Sie steht hinter ein paar Sträuchern und kann alles genau sehen.

Ellen hat den Kampf aufgegeben. Sie ist ans Ufer geschwommen, um mit den Riesen zu verhandeln.

Tonke kann genau hören, was sie sagt!

„Ich bin ganz bestimmt nicht das leckerste Mädchen, das es gibt“, sagt sie. „Das ist Tonke. Sie ist das süßeste Mädchen auf der Welt. Allerdings nur, was das Aufessen angeht, damit wir uns richtig verstehen, nicht in dem, was sie tut. Dabei ist sie gar nicht süß. Ich dagegen bin sehr wohl süß in dem, was ich mache, aber zum Essen bin ich viel zu sau …“

Die Riesen können nicht so gut mit Sprache umgehen. Sie haben verstanden, dass Ellen süß ist. Sie haben Hunger nach der mühsamen Verfolgungsjagd. Ellert ergreift Ellen. Er schickt Brammert weg.

Kurz darauf kommt Brammert zurück und schleift einen Haufen Holz hinter sich her.

Geschickt macht er Feuer.

Ellen fuchtelt mit den Armen und tritt mit den Beinen.

Sie tobt: „Wenn mein Vater dahinter kommt, dass ihr mich festhaltet ... Lasst mich los! Lasst mich augenblicklich los! Mein Vater hetzt seine Bodyguards auf euch. Dann wandert ihr für immer und ewig ins Gefängnis!“

Mit nur einer Hand umfasst Ellert Ellens Taille. Für ihn ist sie federleicht. Er lässt sie wirklich nicht los.

Ellen wird auf eine lange Stange gespießt und über das Feuer gehängt. Sie schreit Zeter und Mordio.

Ellert dreht sie immer rund. Dann gibt Ellen keinen Laut mehr von sich.

Das hast du dir selbst eingebrockt, denkt Tonke. Du hättest eben dein Pferd nicht im Stich lassen dürfen.

Plötzlich fällt ihr Nadia ein. Ob sich ihre Freundin wohl hat befreien können?

Tonke beschließt, schnell nachzusehen. Wenn die Riesen ihr Mahl beendet haben, kehren sie bestimmt zu ihrer Höhle zurück!

Ruhig trabt Tonke auf Satan zurück zur Höhle der Riesen.

Corrado trabt hinter ihr her. Der Schimmel nimmt sie nur zu gern als neue Herrin an.

Als sie die Höhle erreicht, springt Tonke von Satan.

Sie schaut durch das Guckloch. Nadia sitzt noch immer festgebunden auf dem Stuhl und hat einen Knebel im Mund.

Tonke rennt hinein und entfernt das Tuch.

„Was für ein Glück, dass du da bist", sagt Nadia. „Ich konnte mich nicht selbst befreien. Man braucht etwas Scharfes, um die Stricke durchzuschneiden. Dort auf dem Tisch in der Ecke liegt ein Rasiermesser. Die Riesen wollten mich zu ihrem Dienstmädchen machen. Ich sollte für sie kochen und sie jeden Tag rasieren. Schrecklich, oder? Bevor man diese Bärte ab hat, sind zwei Jahrhunderte vergangen."

Tonke nimmt das Rasiermesser vom Tisch. Es sieht sehr scharf aus.

Damit schneidet sie Nadias Stricke durch, als seien es Fäden.

„Was für ein scharfes Messer. Damit kann man ihnen gut die Kehle durchschneiden", sagt sie zu Nadia.

„Das hatte ich auch vor", sagt Nadia. „Aber zum Glück ist das nicht mehr nötig. Ich kann kein Blut sehen. Also, gehen wir?"

„In Ordnung", sagt Tonke. „Wir sind lange genug in diesem Dreckloch gewesen."

Nadia macht ein böses Gesicht. „Was heißt denn hier dreckig? Ich habe hier schon sauber gemacht. Du hättest es mal vorher sehen sollen. Überall lagen schmutzige Kleidungsstücke und Teller mit Essensresten herum."

Tonke zuckt mit den Schultern.

„Lass uns jetzt nicht streiten. Wir müssen verschwinden, bevor die Riesen zurückkommen. Die Pferde stehen draußen. Du kannst Corrado nehmen."

„Ich will Satan reiten", sagt Nadia. „Du bist die ganze Zeit auf ihm geritten."

Seufzend stimmt Tonke zu.

Die Pferde stehen hinter der Höhle und grasen. Sie kommen sofort zu ihnen.

„Beeilen wir uns", sagt Tonke und schwingt sich auf Corrado.

„Oh, Mist, ich habe meinen Rucksack vergessen", sagt Nadia und springt wieder von Satan herunter.

„Das ist doch jetzt egal. Lass ihn liegen", sagt Tonke. „Die Riesen können jeden Moment hier sein."

Aber Nadia rennt zur Höhle zurück. „Meine Puppe Donna ist da drin", ruft sie.

In diesem Moment hört Tonke die schweren Fußstapfen eines der Riesen.

Es ist Ellert und er hat Ellens blonden Pferdeschwanz an seinen Hut gesteckt.

Der Riese marschiert schnurstracks in die Höhle.

Tonke hört ihn grummeln. Er sieht natürlich, dass Nadia frei ist. Er wird sie wieder festbinden.

Sie hört Nadia schon kreischen und den Riesen brüllen. Kurz darauf hört sie Nadia brüllen und den Riesen kreischen.

Nadia kommt herausgerannt. Sie hält das Rasiermesser in der Hand.

Mindestens ein Liter Blut tropft davon herunter.

„Ich habe ihm die Kehle durchgeschnitten", ruft sie.

Nadia vollführt eine Art Freudentanz um die Pferde herum. Dann will sie wieder zurück in die Höhle gehen.

„Bist du bescheuert? Wir müssen fliehen!", sagt Tonke. „Gleich kommt dieser Brammert. Er bringt dich um, wenn er sieht, dass du Ellert ermordet hast."

„Nein, ich bringe ihn um", ruft Nadia aufgeregt.

„Genau wie Ellert. Ich habe ihm gesagt, dass ich ihn so gerne rasieren würde. Er setzte sich sofort auf den Stuhl!"

Tonke springt von Corrado. Sie schlägt Nadia mitten ins Gesicht.

„Du bist wohl verrückt geworden! Wir müssen weg! Nun beeil dich doch!"

Nadia kommt wieder zu Sinnen. Sie lässt das Messer fallen und sagt: „Oh mein Gott, ich habe einen Riesen getötet. Wie abscheulich!" Nadia kniet nieder.

Sie jammert: „Ich bin ein schlechter Mensch. Ich habe einen Riesen getötet."

„Jetzt stell dich nicht so an", sagt Tonke und zieht Nadia vom Boden hoch.

„Der Riese hat erst Ellen verspeist und dasselbe wollte er mit dir tun. Es war Notwehr. Das wird auch der Richter so sehen. Lass uns jetzt nach Hause gehen. Meine Kleider sind immer noch nass. Und so allmählich bekomme ich auch Hunger. Also, kommst du mit?"

Da hören sie auch schon Brammerts Schritte.

Nadia braucht keine weitere Aufforderung. Sie springt auf Satan und galoppiert davon.

Tonke ist neugierig auf Brammerts Reaktion. Aber dennoch folgt sie ihrer Freundin.

Gerade als sie um die Kurve reitet, hört sie einen dumpfen Schlag neben sich. Brammerts Beil steckt zitternd im Stamm einer alten Eiche.

Tonke macht, dass sie wegkommt.

Ein Riese im Pferdeanhänger

Corrado stürmt durch den Wald.

Tonke spornt ihn zu noch schnellerer Gangart an.

Obwohl der Schimmel so schnell ist, werden sie doch von Brammert eingeholt.

Wird dieser Riese denn niemals müde?, denkt Tonke.

Nadia und Satan sind nirgends mehr zu sehen. Satan ist das schnellste Pferd der Welt.

Erst rette ich Nadia vor den Riesen und dann schnappt sie sich noch das schnellste Pferd. Wirklich nett.

Plötzlich spürt Tonke, dass Corrado nicht mehr vorankommt. Sie schaut sich um und sieht, dass Brammert Corrado am Schweif festhält.

„Schlag nach hinten aus, Corrado", ruft Tonke.

Corrado tritt mit den Hufen in Brammerts Bauch und der Riese lässt seinen Schweif los.

„Halte noch einen Moment durch, Corrado, wir haben die Reitschule fast erreicht", sagt Tonke und der Schimmel spurtet wieder weiter.

Noch ein kleines Stück geradeaus und dann um die Ecke.

Nun sind sie auf dem Waldpfad neben der Reitschule.

„Zack, Brad, Kelly, Shanna …", fängt Tonke schon mal an um Hilfe zu rufen.

Wenn alle Puppen der Reitschule helfen, muss der Riese doch zu verjagen sein?

In dem Moment stürmen sie auch schon um die Ecke, gerade noch rechtzeitig vor den griffbereiten Händen Brammerts, der schon wieder dicht hinter ihnen herrennt.

Genau vor dem Eingang der Reitschule fällt Corrado vor Müdigkeit um.

Tonke springt ab.

„Helft uns, helft uns", ruft sie.

Zack kommt sofort aus dem Gebäude gerannt. Er springt auf Brammert zu, aber er wird niedergeschlagen.

Auch Brad eilt aus den Ställen herbei, aber als er sieht, was mit Zack geschehen ist, rennt er so schnell wie möglich davon. „Ich werde die Polizei anrufen", schreit er. „Haltet durch!"

Auch Shanna, Timmy und Jimmy kommen Tonke zu Hilfe.

Bewaffnet mit Besen und Mistgabeln bewegen sie sich auf den Riesen zu, aber mit einer Handbewegung fegt er sie alle auf den Heuhaufen.

Kelly und Brenda kommen nichts ahnend aus der Reithalle.

Kelly reitet auf Dexter und Brenda auf Quickstepp.

„Gebt mir ein Pferd“, ruft Tonke und rennt auf die Mädchen zu. „Der Riese will mich ermorden.“

Kaum haben Kelly und Brenda Brammert erblickt, wenden sie ihre Pferde. Sie galoppieren in die Reithalle zurück.

Tonke steht Auge in Auge dem Riesen gegenüber.

Brammert betrachtet sie mit leuchtenden Augen. Mit seiner großen dunkelroten Zunge leckt er sich schon die Lippen.

Tonke sieht sich bereits an einem Spieß über dem Feuer hängen.

Plötzlich fällt ihr etwas ein.

„Komm nur, Brammert, komm nur schön mit mir mit“, sagt sie und rennt davon.

Tonke hat gesehen, dass der Pferdeanhänger noch am Sportwagen hängt und dass die Klappe heruntergelassen ist. Sie muss versuchen, Brammert in den Anhänger zu kriegen!

„Brammert, Brammert“, lockt Tonke. Sie läuft in den Anhänger und Brammert rennt ihr natürlich hinterher.

Sobald der Riese im Anhänger ist, springt Tonke durch die kleine Tür an der Vorderseite wieder hinaus. Schnell läuft sie um ihn herum nach hinten und wirft die Klappe zu.

Brammert sitzt im Pferdeanhänger fest.

Tonke setzt sich in den Sportwagen und fährt so schnell wie möglich davon.

Sie hört Brammert gröhlen und brüllen.

Tonke weiß genau, wo sie hin will. Sie fährt zu dem Parkplatz an der Küstenstraße. An die Stelle, an der sie sich mit Kelly gestritten hat.

Sie hört einen furchtbaren Radau aus dem Anhänger.

Brammert ist vollkommen wild geworden! Er bollert mit den Fäusten gegen die Wände und Tonke sieht, wie die Bretter zersplittern. Es wird nicht mehr lange dauern, bis er sich befreit hat!

Dort ist schon der Parkplatz.

Tonke lenkt den Sportwagen darauf und fährt dann rückwärts, sodass der Anhänger genau vor dem Abgrund zum Stehen kommt.

Jetzt muss der Transportwagen noch abgekuppelt werden und dann kann sie ihn von der Klippe schieben.

Tonke steigt aus dem Auto und beginnt an der Anhängerkupplung zu zerren. Wieder hört sie, wie der Pferdeanhänger knackt.

Plötzlich bricht ein großes Brett aus der Seite und sie sieht Brammerts Wurstfinger auf sich zukommen.

„Geh endlich los, geh endlich los“, schreit Tonke den Anhänger weinend an.

In dem Moment segelt ein Stück Holz durch die Luft und Tonke sieht den dicken roten Kopf Brammerts durch das Loch in der Anhängerwand auftauchen.

Der Riese öffnet seinen stinkenden Mund und zeigt drohend seine verrotteten Zähne.

Tonke sammelt ihre ganze Kraft und hebt den Anhänger von der Kupplung. Sie schiebt den Pferdetransporter auf den Abgrund zu.

Brammert hat jetzt auch noch seinen zweiten Arm befreit.

Er sieht Tonke wütend an und streckt beide Hände nach ihr aus.

Tonke weicht zurück, aber direkt hinter ihr steht der Sportwagen und sie presst sich gegen das Heck.

Brammert spreizt die Finger.

Mit vor Angst weit aufgerissenen Augen sieht Tonke die großen Hände Brammerts auf sich zukommen. Diese riesigen Hände mit den gespreizten Fingern, die sich gleich um ihren Hals krümmen werden. Aber sie sieht auch, dass sich der Pferdeanhänger langsam nach hinten bewegt.

Als sich seine Finger schließen, hört Tonke: pff.

Sie schließen sich in der Luft.

Der Anhänger rollt über den Klippenrand und verschwindet im Abgrund.

Plötzlich kommt Nadia in scharfem Tempo auf Satan angaloppiert. „Ich habe gesehen, was passiert ist“, ruft sie aufgeregt.

„Mensch, das war um Haaresbreite. Wir hätten gerne geholfen, aber ich glaube, Satan und ich hatten uns ein wenig verirrt.“

Tonke merkt, dass sie sich wieder in ihrem Bett befindet. Sie keucht und der Schweiß läuft ihr in Strömen in den Nacken.

Zum Glück, sie lebt noch und der dumme Brammert war einmal.

Aafjes Brief liegt neben ihr auf der Decke.

Als sie sich beruhigt hat, nimmt sie ihn wieder zur Hand und liest weiter.

Aber das Schönste war wirklich die Geschichte von Ellert und Brammert. Das sind die Riesen von Drente. Sie hielten in ihrer Höhle ein Mädchen gefangen. Das Mädchen sollte für sie sorgen und sie rasieren und Ähnliches.

Sie hat Ellert mit dem Rasiermesser die Kehle durchgeschnitten. Dann gelang ihr die Flucht. Brammert setzte ihr nach. Aber er hat sie nicht erwischt. Danach hat niemand je wieder etwas von ihnen gehört.

Stell dir mal vor, du würdest von einem Riesen verfolgt werden! Schauerliche Vorstellung, was? Aber na ja, es ist ja nur eine Legende aus Drente.

Den Rest des Briefes liest Tonke nur flüchtig.

Aafje beschreibt noch, was sie alles gegessen haben. Wie oft sie Eis geschleckt haben. Welche Geschenke sie bekommen haben. Dass sie es bedauert, dass die Ferien schon vorbei sind. Und dass sie noch einmal hofft, dass es Tonke bald besser geht.

Tonke schließt die Augen. Ihre Abenteuer haben sie ermüdet. Sie möchte gern ein Nickerchen machen.

Aber das ist ihr nicht vergönnt, denn Nadia kommt

herein. Sie stellt ihren Rucksack ab und sagt: „Ich habe zwei Pferde mitgebracht und meine neue dunkelbraune Puppe."

„Bist du verletzt?"

Nadia trägt ein großes Pflaster über ihrer Hand.

„Ich habe mich am Rasiermesser meines Vaters geschnitten. Blöd, was? Es lag auf dem Wohnzimmertisch. Wer legt das auch einfach da hin? Es gehört doch ins Badezimmer! Mein Vater behauptet, dass er es noch nie mit nach unten gebracht hat. Meine Mutter nimmt daher an, dass es die Mainzelmännchen gewesen sind."

Tonke runzelt die Augenbrauen.

„Du bist also nicht so geschickt mit einem Rasiermesser?"

„Nein, ich hätte beinahe ins Gras gebissen."

Auf einmal hat Tonke eine gute Idee. Diese dämliche Kelly und Brenda, die ihr nicht hatten helfen wollen. Sie haben beide eine Abreibung verdient!

„Kannst du denn gut mit der Schere umgehen?"

Nadia nickt.

„Wieso?"

„Würdest du Kellys Haare abschneiden?"

„Wie kurz?"

„Ganz kahl."

Nadia nickt geschockt.

„Ich finde es jammerschade", sagt sie. „Sie ist deine schönste Puppe. Du hast sie von der Klasse geschenkt bekommen! Warum willst du, dass sie kahl ist?"

„Hm. Du hast Recht. Ich warte noch eine Weile damit. Ich fand es lustig, eine kahle Puppe zu haben."

„Warum nimmst du dann nicht Brenda? Der fehlen sowieso schon ein paar Büschel."

„Ich lasse es mir noch einmal gründlich durch den Kopf gehen. Vielleicht nutze ich Kellys Haare, um daraus eine Perücke für Brenda zu machen. Oder äh, ich schere sie beide kahl. Sollen wir Krieg spielen?"

Darauf hat Nadia überhaupt keine Lust.

„Lass uns spielen, dass Dexter misshandelt wird."

„Nur wenn Kelly das getan hat", sagt Tonke.

„In Ordnung", sagt Nadia. Sie ist erleichtert, dass es nicht ihre eigene neue Puppe ist.

„Und als Zack merkt, dass Kelly Dexter misshandelt, schneidet er sie kahl", sagt Tonke.

Nadia zuckt mit den Schultern. Wenn sich Tonke etwas in den Kopf gesetzt hat, ist es nicht mehr auszutreiben.

„Meinetwegen", sagt Nadia und setzt sich neben die Reitschule. „He, der Pferdeanhänger ist ja weg. Wo ist der Transporter?"

Tonke guckt erschrocken auf die Stelle, an der der Anhänger gestanden hat. Er hing doch mit geöffneter Klappe an dem Sportwagen? Das Auto steht ordentlich neben den Ställen, aber der Pferdeanhänger?

„Das ist ja wirklich schade", sagt Tonkes Mutter und betritt mit dem Pferdeanhänger in der Hand das Zimmer.

„Er lag im Garten, unter deinem Fenster, er ist völlig kaputt. Wie kann der Anhänger bloß aus dem Fenster gefallen sein?“

Tonke zuckt mit den Schultern.

„Woher soll ich das wissen?“

Aber wieder rieselt ihr ein Schauer den Rücken hinunter.

„Wirf ihn nur gleich weg, Mama, aber du darfst ihn auf keinen Fall öffnen“, sagt sie und ausnahmsweise macht ihre Mutter, um was Tonke sie bittet, ohne erst lange darüber zu streiten.

Rettet Bayard!

Wie geht es Taman?

Tonke wartet auf ihren Vater.

Er sitzt jeden Tag eine Viertelstunde an ihrem Bett, genau wie Marcel, ihr großer Bruder, der schon dreizehn ist.

Paps erzählt, was den Tag über in der Firma passiert ist. Hochinteressant!

Ihr Vater hat einen Malerbetrieb. Die Angebote macht er selbst, das weiß sie jetzt. In einem Angebot steht, was es kostet, wenn man etwas anstreichen lässt. Beispielsweise ein Haus.

Paps muss dann die Kosten für Farbe, Pinsel und Schmirgelpapier berechnen. Und natürlich nicht zu vergessen die Anzahl der Stunden, die seine Maler für die Arbeit brauchen werden.

„Personal ist sehr teuer, wusstest du das, Tonke?"

Nein, das wusste sie natürlich nicht. Sie ist ein bisschen dumm! Sie hatte gedacht, die Anstreicher würden bestimmt umsonst arbeiten wollen. Dass sie sowieso nichts Besseres zu tun hatten.

Pöh, seit sie ans Bett gefesselt ist, behandelt Paps sie so, als sei sie geistig zurückgeblieben.

Mama hält es nicht für nötig, sich auch noch zu ihr ans Bett zu setzen. Sie hat die Männer dazu verpflichtet, diese Aufgabe wahrzunehmen. Mama tut schon genug für Tonke, findet sie. Sie wäscht sie. Sie hilft ihr auf der Toilette. Und sie ernährt sie so gesund wie möglich. Mehr kann man von einer Mutter nicht verlangen, findet sie. Sie hat schon fast kein eigenes Leben mehr. Tagsüber kann sie nie weggehen.

Tonke darf nämlich keine Sekunde allein gelassen werden. Mal angenommen, es würde ein Brand ausbrechen!

Tonke darf wirklich gar nicht daran denken. Wenn es brennt, wird sie ohne Hilfe dran glauben müssen. Sie kann einfach gar nichts. Nicht laufen, nicht gehen und ohne Hilfe kann sie noch nicht einmal allein sitzen. Nein, Tonke darf nicht daran denken.

Die Tür geht auf.

Paps? Nein, es ist Wiebe.

Wiebe ist der Stallknecht aus der Reitschule.

Tonke hilft ihm am Wochenende immer. Sie mistet die Ställe für ihn aus. Oder sie striegelt die Pferde, die an der Reitstunde teilnehmen.

Sie kommen gut miteinander aus, obwohl Wiebe schon siebzehn ist und Tonke erst zehn. Er hat sie einmal im Krankenhaus besucht und jetzt kommt er zum ersten Mal zu ihr nach Hause.

Sie liegt schon wieder etliche Wochen zu Hause in ihrem Bett.

Wiebe ist, wie alle anderen außer Tonke, in Urlaub gewesen.

„Schön, dass du da bist“, sagt Tonke. „Wie waren deine Ferien?“

Als Wiebe von seinem Urlaub zu erzählen beginnt, tut Tonke so, als würde sie zuhören, aber in Gedanken verschließt sie ihre Ohren. Sie will nichts davon hören.

Wiebe lässt sich ziemlich Zeit dafür. Bestimmt eine Viertelstunde lang quasselt er über wilde Strandfeste auf Rhodos und gefährliche Ausflüge mit Mokicks über die Insel. Er hat eine ganze Reihe Fotos bei sich, um zu beweisen, dass es wahr ist, was er erzählt.

Tonke tut so, als würde sie die Fotos genau betrachten, aber in Wirklichkeit sieht sie in eine andere Richtung. Vor ein paar Wochen hat sie beschlossen, sich keine Geschichten aus der Außenwelt mehr anzuhören. Marcel, ihr Bruder, kam nämlich jeden Tag mit starken Geschichten nach Hause. Er hatte beim Konrektor eine dicke Lippe riskiert. Er hatte sich mit einem Jungen aus der Abschlussklasse geprügelt. Ausgerechnet Marcel, der Junge aus der Unterstufe!

Tonke glaubte kein Wort von seinen Geschichten. Aber weil sie im Bett lag, konnte sie nicht überprüfen, ob das stimmte, was er so alles erzählte. Darum hat sie beschlossen, den Geschichten anderer einfach nicht mehr zuzuhören.

„Wie geht es eigentlich Taman?“, fragt Tonke, um Wiebes Bericht über die Ferien zu unterbrechen.

Wiebe geht zu Tonkes Minireitschule in einer Ecke

des Zimmers und nimmt ein rotweißes Hindernis vom Außenplatz.

„Schön nachgemacht, einfach klasse.“

„Ich wollte wissen, wie es Taman geht, Wiebe.“ Tonke drückt auf einen Knopf und das Kopfteil des Bettes fährt langsam nach oben. Jetzt kann sie Wiebe gerade in die Augen sehen.

Tonke will wissen, was mit dem Pony passiert ist, von dem sie vor fast zwei Monaten gestürzt ist.

Die Reitschulkinder durften ein kleines Wettspringen veranstalten.

Nadia, ihre beste Freundin, machte auf Doenja mit. Jochen auf dem trägen Carol. Und Ellen auf Corrado, ihrem eigenen Pony.

Fast hätte Tonke Ellen geschlagen, aber kurz vor dem letzten Hindernis hatte Taman angefangen zu bocken. Sie war mitten in das Hindernis gestürzt.

Ein Wirbel wurde dabei gequetscht. Der Wirbel musste durch einen Knochen aus ihrer Hüfte ersetzt werden. Tonke bekam ein Korsett angepasst, erst eines aus Gips, später aus Kunststoff. Durch den Unfall ist sie gelähmt. Vorübergehend, meint der Neurochirurg des Krankenhauses.

Zuerst glaubte sie ihm nicht. Sie hatte überhaupt kein Gefühl mehr in den Beinen. Sie konnte nicht laufen und nicht sitzen oder etwa ihr Knie hochheben. Noch nicht einmal ihre Zehen konnte sie bewegen. Aber das klappt nun schon wieder ganz gut.

Außerdem hatte sie eine Gehirnerschütterung. Wochenlang hat sie Kopfschmerzen gehabt und es kostete sie große Mühe, sich zu konzentrieren.

Jetzt geht es zum Glück ein bisschen besser.

Manchmal kann sie schon etwas lesen, ohne dass ihr Kopf wehtut.

Sie ist also auf dem Weg der Besserung. Als sie so krank war, dachte sie nicht an die Reitschule und an Taman. Aber jetzt will sie wissen, wie es dem Pony geht.

Ihre Freundin Nadia und ihre Mutter verhielten sich sehr ausweichend, als sie seinen Namen fallen ließ.

„Äh …“ Wiebe dreht sich um, sodass Tonke sein Gesicht nicht sehen kann.

„Nun?“

„Er ist … äh … an den Abdecker verkauft worden“, sagt Wiebe leise. „Tante Belle wollte sich nicht auf das Risiko einlassen, dass vielleicht noch einmal jemand von ihm runterfällt. Du … äh … du hättest tot sein können.“

Tonke schlägt mit der Faust auf die Decken.

„Ich habe einen Fehler gemacht, nicht Taman“, ruft sie.

„Vor dem letzten Hindernis habe ich ihm meine Fersen zu fest in den Bauch gebohrt, weil ich dachte, ich könnte diese dämliche Ellen mit ihrem eigenen Pony schlagen. Taman ging gerade so richtig gut, aber ich habe es versaut.“

Tonkes Ärger verraucht und macht Kummer Platz. Taman ist schwierig, denkt sie, ganz bestimmt. Er bockt ganz schrecklich, man kann ihn einfach nicht aussitzen. Aber das ist doch kein Grund, ihn zu verkaufen? Man kann ihm das Bocken doch sicher abgewöhnen?

Wiebe schiebt den kleinen Rollschrank zur Seite, damit er sich ganz nah zu Tonke setzen kann.

„Tante Belle hat Angst vor einer Schadenersatzforderung", flüstert er, als würde er ihr ein Geheimnis verraten.

„Wenn du diesen Unfall in den Vereinigten Staaten gehabt hättest, dann hätte dein Vater ungefähr eine Million Schadenersatz von Tante Belle fordern können. Und der Richter hätte dem auch noch zugestimmt."

„Bah." Tonke spürt, wie ihr von innen heraus ganz kalt wird. „Dieses dumme Geld."

Deswegen also überschüttet Tante Belle sie mit Karten und kleinen Geschenken, denkt Tonke, als Wiebe gegangen ist.

Sie hat Angst vor einer Klage. Tante Belle hat jahrelang in Amerika gelebt. Als ihr Mann starb, ist sie in die Niederlande zurückgekehrt.

Mit den Taschen voller Geld, hat Wiebe erzählt.

Das hatte ihr Mann verdient, indem er an Falten gezerrt und gezupft hatte. An den Falten reicher Frauen natürlich. Alter Frauen, die wieder jung aussehen wollten. Tante Belles Mann war plastischer Chirurg.

Nach Wiebes Ansicht hat er oft an seiner Frau geübt. Aber Tante Belle sagt, bei ihr sei alles reine Natur.

In den Niederlanden hat Tante Belle die Reitschule gekauft, weil sie in Amerika auch immer mit Pferden und Turnieren zu tun hatte.

Sie kaufte alle erbärmlichen Pferde und Ponys aus der Umgebung auf, sodass es schon bald mehr Pferde als Reitschüler gab.

Dadurch wurden die Pferde nur ein- oder zweimal pro Woche in der Reitstunde bewegt und das war viel zu wenig für ein so energiegeladenes Pony wie Taman. Konnte Taman also etwas dafür, dass er so wenig laufen durfte?

Nein, denkt Tonke. Die Tränen kullern über ihre Wangen.

Man darf als Mensch doch nicht einfach so beschließen, dass ein Pony verkauft wird, wenn ein Kind herunterfällt? Sie muss Tante Belle überreden, Taman zurückzukaufen.

Autor unbekannt

Tonke hat ständig Tamans Bild vor Augen. Er war … ist ein so schönes Pony, ein Fuchs mit breiter weißer Blesse. Ein Welshpony mit edlem Kopf und schlanken Beinen.

Taman war noch nicht so lange in der Reitschule.

Tante Belle hat ihn von einem Mädchen gekauft, das ihn nicht mehr haben wollte, weil er für sie zu wild war. Aber er ist auch in der L-Dressur gelaufen, er ist also nicht bloß irgendein Pony.

Tante Belle hatte gedacht, er wäre für die Reitschule geeignet, aber außer Nadia und Tonke traute sich niemand, ihn zu reiten.

Und jetzt ist Taman an den Abdecker verkauft worden, ohne dass man Tonke gefragt hätte. Ohne dass sich jemand gefragt hatte, ob Taman wirklich an ihrem Sturz Schuld war.

Wenn ich weiter über Taman nachgrübele, bekomme ich wieder Kopfschmerzen, denkt Tonke. Ich sollte besser etwas Schönes machen. Soll ich in Gedanken mit der Minireitschule spielen? Was soll ich spielen?

Tonke überlegt lange, aber ihre Gedanken wandern immer wieder zu Taman. Sie ist froh, als ihre Mutter mit einer Tasse Tee hereinkommt. Das lenkt sie einen Moment ab.

Während die Mutter Tonke die Tasse reicht und einen Keks auf die Untertasse legt, fragt sie: „Soll ich Paps heute Abend bitten, dir vorzulesen? Du hast dir das Buch von Opa noch gar nicht angeschaut. Und dabei geht es sogar um ein berühmtes Pferd!"

Ob ich mit Mama über Taman sprechen soll?, überlegt Tonke.

Nein, besser nicht. Ihre Mutter will nichts von dem Pony wissen. Wenn es nach ihr geht, darf Tonke sogar nie mehr reiten.

Sie sollte besser nachher versuchen, ihren Vater zu bearbeiten.

„Ich lese gleich selbst ein paar Kapitel", sagt Tonke. Einem zehnjährigen Mädchen vorzulesen findet sie ziemlich kindisch. In den letzten Tagen hat sie keine Kopfschmerzen mehr bekommen, wenn sie las.

Ihre Mutter macht den kleinen ausziehbaren Tisch neben ihrem Bett sauber und legt das Buch darauf.

„Dann lies mal schön", sagt sie und streicht Tonke mit den Fingern durch die Haare. „Ich höre Paps reinkommen. Ich nehme an, er wird erst mit Marcel trainieren."

Ihr Bruder hat beschlossen, am Minitriathlon seiner Schule teilzunehmen. Der findet im September statt. Dann muss er schwimmen, Fahrrad fahren und laufen.

Ihr Vater findet das alles wunderbar und hat sich zu seinem Trainer und Coach erkoren. Sie wird also noch eine ganze Weile auf ihn warten müssen.

Aber sie hat sich schon überlegt, was sie sagen wird.

„Paps, der Malerbetrieb läuft doch gut, oder?"

„Ja, hervorragend, liebe Tochter, wir wachsen noch immer."

„Findest du mich nicht auch schrecklich bedauernswert mit meinem zertrümmerten Wirbel und meinem Korsett, das so juckt?"

„Ja, wirklich schrecklich bedauernswert!"

„Bekomme ich ein Pony?"

„Hm, ach, warum nicht?"

„Dann kaufe bitte gleich Taman beim ... äh ... vom Metzger."

Tonke schlägt das große Buch auf.

Auf dem Einband aus blauem Leder steht in zierlichen goldenen Buchstaben: *„Rettet Bayard, das Ross der vier Haimonkinder"*.

Was für ein merkwürdiger Umschlag, denkt Tonke. Kein Autor, keine Zeichnung auf dem Einband. Nur der Titel.

Opa hat das Buch natürlich aus seinem eigenen Schrank genommen. Ihr Großvater sammelt Bücher, echt alte Bücher. Je älter, desto lieber sind sie ihm und desto mehr zahlt er auch dafür. Er sagt von sich, er sei ein Bücherliebhaber.

Das Buch sieht eigentlich ziemlich neu aus. Der

blaue Einband ist nirgends beschädigt oder gebrochen. Aber an den Buchstaben des Titels kann man sehen, dass das Buch doch schon sehr alt ist. Sie sind geprägt, hat Tonke von ihrem Opa gelernt.

Oh wie dumm, denkt Tonke, als sie das Buch aufschlägt. Die Seiten kleben außen aneinander fest!

Wie soll sie denn ein Buch lesen, wenn die Seiten aneinander festkleben?

Schade! Dann eben nicht, denkt Tonke. Wenn Opa das nächste Mal hier ist, gebe ich ihm das Buch einfach zurück.

Sie greift nach dem Briefumschlag, der neben dem Buch liegt.

Ein Brief von Opa, in dem er natürlich umständlich erklären wird, wie schön und vor allem wie teuer dieses alte Buch ist. Oh, da liegt etwas Hartes im Umschlag. Tonke zieht ein merkwürdiges Messer heraus und liest danach Opas Brief:

Liebe Tonke,

ich glaube, dieses Buch wird dir gefallen. Die Geschichte über Reinoud von Montalbaan und sein Ross Bayard ist eine Sage, eine Heldenerzählung, aus der Zeit Karls des Großen. Dieser König regierte um das Jahr 800. Die Abenteuer der vier Haimonskinder werden wohl erfunden sein, denn die einzige wirklich bekannte Person in der Geschichte ist Karl der Große. Aber da kann man natürlich nie ganz sicher sein!

Das Buch über Reinoud und Bayard, das du von mir bekommst, fand man neulich auf dem Speicher einer alten Buchbinderei. Das Buch ist hübsch eingebunden, aber nicht ganz aufgeschnitten. Vermutlich war es für einen Buchsammler bestimmt, einen Bücherliebhaber wie mich.

Es ist wahrscheinlich nie abgeholt worden. Vielleicht ist der Sammler im Krieg gefallen oder so etwas.

Soweit bekannt, ist dies das einzige Exemplar, das es gibt. Der Titel ist in keinem Nachschlagewerk zu finden. Das Verrückte ist auch, dass kein Autor im Buch genannt wird.

Du verstehst bestimmt, dass das Buch dadurch noch viel wertvoller ist. Ich habe viel dafür bezahlen müssen. Aber das ist mir meine Lieblingsenkelin wert!

In diesem Briefumschlag findest du ein besonderes Messer, um die Seiten aufzuschneiden. Sei vorsichtig damit, denn ich hänge daran und will es gerne zurückhaben.

Ich wünsche dir viel Vergnügen beim Lesen und hoffe, dass du dieses außergewöhnliche Buch zu würdigen weißt.

Mit einem Kuss von deinem Großvater und
liebe Grüße von Oma

Na, das wird mir wieder was Schönes sein. Was Opa gefällt, finde ich meistens langweilig oder blöd. Aber es ist schon witzig, die Erste zu sein, die dieses Buch liest.

Sie nimmt das Messer und versucht eine Seite aufzuschlitzen.

Es gelingt Tonke nicht, die Buchseite gerade zu schneiden. Das Messer ist ein bisschen stumpf. Außerdem kann sie ihren Arm nicht weit genug nach vorne bringen, um das Messer genau im Papierfalz anzusetzen. Daran ist nur dieses dämliche Korsett schuld!

Opa wird das gar nicht schön finden, denkt Tonke. Nach wenigen Minuten sieht das Buch aus, als hätten die Ratten daran geknabbert. Nun ja, dann fange ich eben erst mal an zu lesen. Wenn es mir nicht gefällt, lasse ich den Rest so wie es ist. Soll Opa es doch selbst machen.

Tonke schlägt die erste Seite auf und beginnt zu lesen.

Kapitel 1: Wie Bayard seinen Meister fand

Seine drei Brüder hatten sich schon bald schöne Hengste ausgesucht. Aber von den Hengsten, die Reinoud angeboten wurden, gefiel ihm nicht ein einziger. Den ersten fand er zu klein und zu schwach im Rücken. Den zweiten zu langsam und den dritten zu feige. Er suchte einen Hengst, vor dem er Respekt haben konnte. Einen mutigen Hengst, der nur einen Mann als Herrn anerkennen würde.

„Wir haben noch einen Hengst im Stall, mit dem nie-

mand zurecht kommt, aber dir wird er dann vielleicht gefallen", hatte Graf Haimon, Reinouds Vater, schließlich verzweifelt ausgerufen. „Bayard hat die Kraft von mindestens zehn Rössern. Er beißt in Stein wie andere Rösser in Heu."

„Vater, dann ist das ein Pferd nach meinem Herzen", war Reinouds Antwort gewesen.

Ein Ritter, den Bayard gut kannte, hatte ihm inständig von dem Hengst abgeraten.

„Seine Hufe sind wie Vorschlaghämmer. Er bricht dir alle Knochen und frisst dich anschließend bei lebendigem Leib auf!"

„Zeig mir seinen Stall", sagte Reinoud. Er brannte darauf, den Hengst zu sehen.

Bayards Stall bestand aus einer doppelten Reihe Felsbrocken, verstärkt durch die dicksten Baumstämme der Gegend.

Der Hengst sah, wie Reinoud, der jüngste Sohn von Graf Haimon und der Einzige seiner vier Söhne mit langen blonden Haaren, zielstrebig auf ihn zukam, vor ihm stehen blieb und versuchte, ihn mit seinen stechend blauen Augen zu durchbohren.

Bayard starrte unerschrocken zurück.

Kämpfen?, schien er zu denken. Hm, mal sehen, ob du dich ein bisschen wehren kannst, bevor ich dich unter meinen Hufen zertrample.

Reinoud hatte schon von weitem gesehen, dass der Hengst tatsächlich so rabenschwarz war, wie sein Vater gesagt hatte, und das gefiel ihm.

Bayard war groß, sehr groß sogar für ein Pferd. Er war der allergrößte Hengst, den Reinoud jemals gesehen hatte. Dennoch wirkte er nicht träge.

Der Hengst hatte einen edlen Kopf. Seine Augen waren dunkel, fast schwarz, aber hin und wieder glomm ein rotes Feuer darin auf. Über seinen bildschön gebogenen Hals fiel eine lange schwarze Mähne. Sein Körper war kraftvoll und muskulös und sein schwarzes Fell hatte einen gesunden Glanz.

Das ist wirklich ein Hengst für mich, dachte Reinoud. Aber ich hoffe, dass er sich gleich nicht als sanftes Lamm entpuppt, wenn ich ihn hart rangenommen habe.

Poh, was für ein Pferd, denkt Tonke, während sie die Seite umschlägt. Die Beschreibung Bayards wirkt so echt und die von Reinoud auch. Wenn man die Geschichte liest, könnte man meinen, man wäre dabei. Und der Sprache merkt man nicht an, dass das Buch schon so alt ist.

Ist die Geschichte wirklich passiert?

Opa meint nein, aber er weiß es auch nicht sicher, schrieb er in seinem Brief.

Ja, natürlich ist es wirklich geschehen. Das kann gar nicht anders sein.

Tonke legt das Buch kurz hin. Es ist so schwer. Sie denkt über das nach, was sie gerade gelesen hat.

Dieser Bayard kommt ihr so vertraut vor. Sie kennt ihn wirklich irgendwo her, aber woher?

Wie der König seinen Kopf verlor

Tonke liest noch einmal nach, wie Bayard beschrieben wird.

Groß, aber nicht träge. Ein edler Kopf, ein bildschön gebogener Hals mit langer schwarzer Mähne. Rabenschwarz.

Hatte vielleicht ihr Lehrer dieses Buch über Reinoud und Bayard schon mal in der Klasse vorgelesen?

Nein, das kann nicht sein, denn sie ist die Erste, die es liest. Die Seiten sind noch nicht aufgeschnitten!

Na ja, egal. Es wird ihr bestimmt noch einfallen, woher sie Bayard kennt.

Was für ein tapferer Kerl, dieser Reinoud. Um einiges mutiger als ihr Bruder Marcel. Es macht auch einen ziemlichen Unterschied, ob man beim Konrektor eine dicke Lippe riskiert oder einen wilden Hengst zähmt!

Vielleicht kann sie von Reinoud lernen, wie man bei einem bockenden Pferd oben bleibt. Oder noch besser: wie man einem Pferd das Bocken abgewöhnen kann!

Dann kann Tante Belle einfach nicht anders und muss Taman zurückkaufen.

Schnell liest Tonke weiter.

Der lange schwarze Schweif Bayards peitschte vor Aufregung hin und her.

Dann scharrte der Hengst mit den Vorderhufen über den Boden und warf wütend den Kopf hoch. Er wieherte und schlug heftig nach hinten aus.

Reinoud begann über das Imponiergehabe des Hengstes zu lachen.

Bayard wurde wütend. Offensichtlich konnte er diesen Mann überhaupt nicht beeindrucken!

Selbstbewusst schob Reinoud den Balken zur Seite, um in den Stall zu gehen. Aber das ließ der Hengst nicht so einfach zu.

Bevor er wusste, wie ihm geschah, lag Reinoud ein paar Meter weiter entfernt auf dem Boden. Der Hengst hatte ihm mit den Vorderbeinen einen heftigen Tritt verpasst und als sich Reinoud aufrappelte, fühlte er zwei schmerzende Stellen an seiner Hüfte und seinem Oberschenkelknochen.

Bayard drehte Reinoud die Hinterhand zu, als wolle er sagen: „Zwischen uns ist alles geklärt, oder?“

Aber Reinoud ging wieder in den Stall.

Bayard rührte sich nicht. Nur am leichten Zittern seiner Nasenflügel konnte man erkennen, wie angespannt er war und dass er jeden Moment explodieren konnte.

Dieser Mann war wirklich ziemlich frech.

Aber der Hengst war auch neugierig darauf, was der Mann genau wollte. Aus den Augenwinkeln sah er, wie Reinoud an seinen Flanken vorbei zu seinem Kopf lief.

Als Reinoud neben ihm stand, packte ihn Bayard plötzlich mit den Zähnen an seinem Strickwams und schleuderte ihn in die Futterkrippe.

Während Reinoud sich aus dem Getreide wühlte, erspähte er auf einmal einen Zügel, der an einem Haken neben der Futterkrippe hing.

Als Bayard wieder mit gebleckten Zähnen auf ihn losging, hatte der Hengst plötzlich den Zügel im Maul und Reinoud saß auf seinem Rücken.

Bayard stieg sehr hoch, drehte sich in der Luft und stürmte danach aus dem Stall. Draußen auf dem Hof stieg er und bockte, brach erst nach links, dann nach rechts aus, senkte den Kopf und bockte danach so hoch, dass es aussah, als würde er sich nach vorne überschlagen.

Schon bald tropfte der Schweiß von seinen pumpenden Flanken und sein kräftiger Hals bedeckte sich mit den weißen Schaumflocken, die unablässig aus seinem Mund flogen.

Aber was Bayard auch versuchte, er konnte seinen ungebetenen Reiter nicht abwerfen. Dieser Reinoud klebte wie eine lästige Hornisse an ihm.

Nach stundenlangem Kampf begriff Bayard, dass es keinen Sinn machte, sich noch länger gegen Reinoud zur Wehr zu setzen.

Plötzlich blieb der große Hengst stehen.

Reinoud fing an, mit dem Tier zu sprechen und Bayard stand mucksmäuschenstill und hörte zu.

Kurz darauf ließ sich Reinoud vorsichtig von seinem

Rücken gleiten. Bayard hätte nun flüchten können, aber das tat er nicht. Er wollte nicht flüchten, er wollte auch nicht mehr kämpfen. Bayard wollte bei Reinoud bleiben. Er hatte seinen Meister gefunden!

Graf Haimon hing Reinoud einen Mantel um die Schultern. Es war der scharlachrote Mantel, mit dem er morgen zum Hofstaat reiten sollte, um am Krönungsfest des Königssohns teilzunehmen.

Aber Reinoud nahm den kostbaren Mantel von seinen Schultern und trocknete den Hengst damit ab.

Denn so war er, Reinoud, der jüngste Sohn der Edelfrau Aye, der Schwester König Karls, und dem wüsten Graf Haimon von Ardennen. Fürsorglich, gutherzig und treu war er, aber auch wild und eigensinnig. Von den vier Haimonkindern, wie die Brüder Ritsaart, Writsaart, Adelaart und Reinoud genannt wurden, war er zweifellos der wildeste.

Wenn Bayard damals geahnt hätte, was ihm die Zukunft bringen würde, hätte er dann so ruhig neben seinem Meister gestanden? Hätte er dann Reinoud überhaupt zu seinem Meister auserkoren?

Tonke lässt das Buch wieder sinken. Es scheint immer schwerer zu werden.

Auch ihr Kopf beginnt wieder zu schmerzen, so sehr hat sie sich vom Lesen in den Bann ziehen lassen!

Ob sie das Buch eine Weile zur Seite legen sollte? Ihr Vater kommt gleich. Dann kann er ihr vielleicht doch vorlesen.

Nein, sie liest selbst noch ein Stück. Sie muss wissen, wie es mit Bayard weitergeht.

Tonkes Augen schweifen zu der Minireitschule in der Zimmerecke und ein Lächeln geht über ihr Gesicht. Jetzt weiß sie, woher sie Bayard kennt. Seine Beschreibung passt genau auf Oedse, den Friesenhengst aus ihrer Minireitschule.

Wenn sie von Bayard liest, sieht sie in Gedanken immer Oedse vor sich.

Sobald ihr Vater kommt, wird sie ihn bitten, ihr den Hengst zu geben. Dann kann sie sich ihn noch einmal genau ansehen. Oedse ist eines ihrer Lieblingspferde.

Tonke nimmt das Buch wieder zur Hand.

Kapitel 2: Wie der König seinen Kopf verlor

Reinouds Vater hatte Karl dem Großen versprochen, bei der Krönung seines Sohnes Ludwig anwesend zu sein. Die Fehde zwischen ihnen gehörte der Vergangenheit an.

Der König selbst war sehr erfreut über die Ankunft des Grafen Haimon und seiner vier Söhne.

Aber Ludwig gab sich allergrößte Mühe, ihren Aufenthalt bei Hof so unangenehm wie möglich zu gestalten. Abends beim Bankett ließ er den vier Haimonkindern die Ecke zuweisen, in der meistens die Hunde lagen.

Den Dienern befahl er, die Brüder vor allem nicht mit Speis und Trank zu versorgen.

Nachts schien für sie kein Schlafplatz zur Verfügung

zu stehen. Reinouds Blut kochte natürlich, aber seinem Vater und dem Frieden zuliebe tat er sein Bestes, sich zu beherrschen.

Am Abend danach allerdings – die Krönung Ludwigs hatte bereits stattgefunden – brachte man gegen Adelaart eine falsche Beschuldigung vor. Er sollte gesagt haben, niemand im Reich könne so gut Schach spielen wie Ludwig, außer ihm selbst.

Der frisch gekrönte Königssohn ließ ihm keine Wahl. Er musste mit ihm Schach spielen. Wer von den beiden fünf Partien hintereinander gewann, hatte alles gewonnen. Als Einsatz nannte er … ihre Köpfe.

Adelaart war verzweifelt. Er wollte den gekrönten Kopf des jungen Königs ganz bestimmt nicht nehmen, aber noch weniger wollte er seinen eigenen Kopf verlieren. Aber wer wagt es, einem König zu widersprechen?

Der König gewann das erste Spiel und danach das zweite. Er glaubte, Adelaarts Kopf schon vor sich auf dem Tisch liegen zu haben, als Adelaart das Glück lachte.

Er gewann eine Partie und noch eine und … auch die fünfte Partie.

Adelaart war erleichtert, dass er seinen Kopf noch hatte, aber er hatte auf keinen Fall die Absicht, dem König den seinen zu rauben, also erhob er sich mit den Worten: „Herr Vetter, ich habe Euren Kopf gewonnen, aber ich begehre ihn nicht. Ich bitte Euch nur, dass Ihr nie wieder um ein solch kostbares Pfand spielt."

Der junge König war wütend, dass er verloren hatte. Er griff sich das schwere Schachbrett vom Tisch und schlug es mitten in Adelaarts Gesicht.

Das Blut spritzte ihm sofort aus Nase und Mund, aber aus Angst vor dem Unheil, das über sie käme, wenn er sich wehrte, drehte sich Adelaart wortlos um.

Natürlich erfuhr Reinoud, was sich an diesem Abend abgespielt hatte, und war wütend. Dass Ludwig seinen Kopf verpfändet hatte, war dumm, fand er und er hatte Glück gehabt, dass er anschließend verschont geblieben war, aber dass er Adelaart so zugerichtet hatte, war unverzeihlich. So ein Kerl durfte das Land nicht regieren!

Reinoud rannte zu den königlichen Gemächern und mit seinem Schwert nahm er dem jungen König das frisch gekrönte und ehrlich verlorene Haupt.

Herrje, keine aufgeschnittenen Seiten mehr, denkt Tonke und seufzt tief.

Was für eine Geschichte! Dieser Reinoud ist vielleicht ein Hitzkopf!

Sie selbst ist auch ziemlich aufbrausend, aber so schnell würde sie doch niemandem den Kopf abschlagen. Sie hat auch gar kein Schwert. Und sie lebt in einer anderen Zeit.

Wann spielte diese Geschichte?

Zu der Zeit Karls des Großen. Opa meint, Karl der Große habe um das Jahr 800 gelebt, und er wird es wohl wissen.

Tonke ist sich nun fast sicher, dass Reinoud Taman das Bocken abgewöhnen könnte.

Sie möchte gerne weiterlesen, aber dann wird sie doch erst die Seiten aufschneiden müssen. Gerade, als sie damit anfangen will, kommt ihr Vater herein.

„Du reißt das Buch kaputt", sagt er streng. „Lass mich das lieber machen."

„Das Buch zerreißen?", fragt Tonke.

„Haha, sehr witzig. Papier hat eine Schneidrichtung", erklärt ihr Vater, während er geschickt ein paar Seiten durchschneidet. „Du musst immer von innen nach außen schneiden."

Tonke sieht verlegen weg. Sie hat natürlich direkt an der Außenseite begonnen. Na ja, Opa hätte schließlich auch in seinem Brief sagen können, wie das genau geht!

„Das Messer ist ziemlich stumpf", entschuldigt sie sich.

„Es darf auch gar nicht scharf sein", antwortet ihr Vater. „Mit einem scharfen Messer schneidet man schnell neben dem Falz."

Auf einmal fällt Tonke ein, dass sie besser keinen Streit mit ihrem Vater anfängt.

Sie muss ihn überzeugen, Taman vom Abdecker zu kaufen. Heute Mittag hat sie geübt, was sie sagen wollte! Wie sollte sie noch anfangen? Ach ja, sie weiß es wieder.

Das letzte Kapitel

Tonke beobachtet aufmerksam, wie ihr Vater schneidet, und meint dann: „Wie gut du das kannst, Paps. Du kannst auch wirklich alles, was?"

„Nun, das ist halb so wild", sagt ihr Vater, aber er sieht doch ziemlich stolz aus.

Das ist genau der richtige Augenblick, denkt Tonke.

„Paps, der Malerbetrieb läuft doch gut, oder?"

„Ja, ich kann nicht klagen."

„Wachsen wir immer noch?"

„Hm, ja, das könnte man so sagen."

„Findest du mich nicht auch schrecklich bedauernswert mit meinem zertrümmerten Wirbel und meinem Korsett, das so juckt?"

„He, Tonke, Schluss damit! Wenn du etwas von mir willst, bitte mich einfach darum, hörst du?"

„Ich möchte, dass du Taman vom Abdecker kaufst."

So, das wäre raus.

Ihr Vater beginnt sich auf dem Stuhl zu drehen. Er sieht sehr unglücklich aus. Das Buch legt er einen Moment zur Seite. Er zieht seinen Stuhl näher an ihr Bett heran und nimmt ihre Hand.

„Aber Tonke, du weißt doch, was das heißt, wenn ein Pferd an den Abdecker verkauft wird?“

Tonke schüttelt heftig den Kopf.

„Taman ist fast nur Haut und Knochen. Ich weiß ganz sicher, dass der Abdecker ihn nicht schlachtet, sondern weiterverkauft. Es ist ein Turnierpony! Ich will, dass du ihn mir kaufst. Es war meine Schuld, dass ich von ihm gestürzt bin. Taman braucht nicht für meine Fehler zu büßen.“

„Taman ist schon vor einigen Wochen zum Abdecker gekommen“, sagt ihr Vater leise, während er ihren Arm streichelt. „Ich glaube nicht, dass er noch lebt.“

„Oh.“

Eine Zeit lang schweigen sie.

Tonke versucht den Kloß in ihrem Hals runterzuschlucken. Sie probiert die Tränen zurückzuhalten, bis sie gleich allein ist.

Marcel rennt ins Zimmer.

„Papa, im Fernsehen läuft ein Triathlon. Komm, sieh dir das an, davon können wir wirklich etwas lernen.“

Vater sieht Tonke an und nimmt das Buch wieder zur Hand.

„Ich schneide gerade ein paar Seiten auf“, sagt er zu Marcel.

„Geh nur, Paps“, sagt Tonke. „Wenn die Sendung vorbei ist, kommst du zurück und dann schneidest du mir den Rest auf.“

Ihr Vater sieht sie voller Mitleid an. Dadurch bekommt sie wieder einen Kloß in den Hals.

„Gib mir nur mal Oedse. Das ist der schwarze Hengst da hinten aus der Minireitschule. Er steht auf der Weide. Ich werde ein bisschen mit ihm spielen", sagt Tonke und schluckt ein paar Mal, um den Kloß loszuwerden. „Lass mich ruhig eine Weile allein."

Ihr Vater nickt verständnisvoll und greift gleich nach dem richtigen Pferd. Dann küsst er Tonke auf die Stirn und geht hinaus.

Tonke kneift die Augen zusammen, doch die Tränen bahnen sich trotzdem einen Weg nach draußen. Sie schluchzt ein paar Mal und dann hebt und senkt sich ihre Brust.

Das tut weh.

Sie drückt Oedse fest an sich.

Das hilft.

Kurz darauf reibt sie sich die Augen wieder trocken.

Auch wenn ihr Vater meint, Taman sei nicht mehr am Leben, weiß er es doch nicht sicher. Ihr Vater weiß schließlich auch nicht alles! Taman ist doch schrecklich mager? Was soll der Abdecker an ihm haben?

Der hat auch kleine Kinder. Bestimmt hat er Taman für sie gekauft.

Verflixt, warum kann sie nicht einfach aus ihrem Bett und nachsehen? Warum hat sie sich den Rücken gebrochen? Warum ist sie gelähmt?

Warum ist die Banane krumm, würde ihre Mutter sagen, wenn sie ihre Gedanken hören könnte.

Wenn Nadia aus dem Ponycamp zurück ist, dann soll sie zum Abdecker gehen, um zu fragen, wo er Taman untergestellt hat. Ihre beste Freundin wird das bestimmt machen, denn sie selbst ist auch oft auf Taman geritten.

Vielleicht möchte der Abdecker, dass sie beide ihn so lange reiten, bis seine Kinder etwas größer sind!

Nein, Tonke weiß auf einmal ganz sicher, dass Taman noch lebt. Sie fühlt es einfach. Und sie wird ihn wieder reiten. Sie wird jetzt einfach die Geschichte von Bayard weiterlesen, das lenkt ab.

Tonke legt das Buch wieder auf den kleinen Tisch und schlägt es auf. Oedse passt noch bequem daneben. Sie muss nur darauf achten, dass das Buch nicht verrutscht, denn dann fällt er hinunter.

Zu ihrem Schrecken merkt Tonke, dass ihr Vater hinten angefangen hat, das Buch aufzuschneiden. Sie kann nicht weiterlesen, denn die Seite, wo sie stehen geblieben ist, ist noch nicht offen. Und das kleine Messer hat er natürlich in die Tasche gesteckt.

Soll sie ihn rufen? Soll sie auf die Klingel drücken? Nein, schon gut. Tonke will das Buch zur Seite legen, aber es schlägt hinten bei den Seiten auf, die schon geschnitten sind. Sie liest die Überschrift des letzten Kapitels: *Wie der König verlangte, dass Bayard sterben solle.*

He, denkt Tonke wütend. Was ist denn das nun wieder für ein Unsinn?

Hat man ihn an den König verkauft? Hat Bayard

ihn abgeworfen, indem er bockte oder so und muss er deswegen sterben?

Tonke klappt das Buch zu. Sie will ganz bestimmt nicht lesen, dass ein Pferd stirbt und erst recht nicht ein so schönes und mutiges Pferd wie Bayard.

Und dann der Titel des Buches. Da steht in großen Buchstaben: „*Rettet Bayard*“.

Wie kann denn Bayard gerettet werden, wenn er gleichzeitig stirbt?

Warum schreibt man nicht endlich einmal ein schönes Pferdebuch? Zum Beispiel über ein Pferd, das erst todkrank ist und dann bei den Olympischen Spielen gewinnt.

Dennoch schlägt Tonke das Buch wieder auf und sieht wieder: *Wie der König verlangte, dass Bayard sterben solle.*

Ui, Oedse fällt beinahe vom Tisch. Tonke kann ihn gerade noch auffangen. Der Hengst sieht sie traurig an.

„Die Geschichte geht über Bayard, hörst du, nicht über dich“, sagt Tonke tröstend. „Und vielleicht stirbt er ja gar nicht. Reinoud rettet ihn natürlich.“ Also gut, dann liest sie das letzte Kapitel eben sofort. Für Oedse. Dann braucht sie all die anderen dämlichen Kapitel nicht mehr lesen.

Was juckt sie auch eine so alte Geschichte? Vorbei ist vorbei.

Nun, zum Glück ist das letzte Kapitel kurz, aber es hat eine lange Überschrift. Da steht sie:

Kapitel 10: Wie der König verlangte, dass Bayard sterben solle.

Es war Aye, Reinouds Mutter und Schwester des Königs, die schließlich beim König vermittelte.

Frieden wollte sie für ihre Kinder und Enkelkinder.

Sehnte sich der König denn nicht auch nach Frieden? Schließlich gab der König dem Flehen seiner Schwester nach.

Allerdings verlangte er doch Buße für den Mord an seinem Sohn: „Reinoud muss mir Bayard bringen, das Ross, das ihn so oft aus großer Gefahr gerettet hat – und mir zugestehen, mit ihm zu machen, was ich will. Nur so und nicht anders darf er sich mit mir versöhnen."

Außerdem durfte Reinoud sieben Jahre lang keinen Fuß mehr ins Frankenland setzen.

Armer Reinoud, dachte Aye und begann traurig zu schluchzen. Das Pferd war all die Jahre sein bester Freund gewesen. Wie schwer würde es ihm wohl fallen, Bayard zu opfern?

„Mach bloß nicht, was der König sagt, Reinoud. Denk dir was aus", sagt Tonke zu dem Buch. „Nimm einen anderen schwarzen Hengst und sag, das sei Bayard. Nein, das ist genauso traurig. Äh, äh …" Sie muss sich etwas Besseres ausdenken.

Wenn Nadia und sie diese Geschichte in der Minireitschule spielen würden, wie würden sie das lösen?

Rettet Bayard!

Tonke starrt in die Zimmerecke. Sie stellt sich vor, die große Reithalle sei Reinouds Schloss. Bayard steht im größten und schönsten Stall.

Die Puppen draußen sind Soldaten des Königs. Sie wollen Bayard holen. Wie kann sie den Hengst retten? Ihn mit einem Hubschrauber aus dem Schloss holen? Ob Bayard in einen Hubschrauber passen würde?

Nein, das ging nicht im Jahr 800. Damals konnten nur die Vögel fliegen. Tonke fällt so schnell keine Lösung ein. Deshalb liest sie weiter, denn sie muss einfach wissen, was mit Bayard passiert.

Sie drückt Oedse beschützend an sich und sagt: „Zum Glück bist du nicht Bayard, was, Oedse?"

Die Menschen kamen von weit her und hatten sich am breiten Flussufer versammelt. Sie sprachen lebhaft über die anstehenden Ereignisse.

Bayard sollte heute sterben und König Karl hatte befohlen, den Hengst zu ertränken.

Als der König mit seinem Gefolge erschien, wurde es still.

Reinoud trat mit Bayard vor.

Der Hengst war nicht gesattelt, aber er trug dennoch sein Zaumzeug. Mit tänzelnden Schritten lief er neben seinem Herrn. Der Hengst war nervös, er wusste nicht, was geschah. Er trug doch immer einen Sattel, wenn sie irgendwohin gingen?

Hinter Bayard gingen vor Kraft strotzende Knechte, die starke Hanfseile gleichgültig über ihre Schultern geworfen hatten.

Am Ufer blieben alle stehen.

Jetzt muss es geschehen, wusste Reinoud und wortlos nahm er Abschied von seinem Pferd.

„Es muss überhaupt nicht jetzt geschehen", sagt Tonke trotzig. „Warum springst du nicht auf dein Pferd? Ihr könnt doch zusammen fliehen? Und wenn du nicht fliehen kannst, dann darfst du dein Pferd gefälligst nicht opfern. Du hast doch Ludwig geköpft, Reinoud? Warum muss Bayard dafür büßen? Das ist nicht gerecht."

Bayard wollte seinen Herrn aufmuntern und stupste ihn mit der Nase gegen die Brust, aber Reinoud reagierte nicht.

Blitzschnell schlugen die Knechte die Seile um Bayards Hals, sodass ihm die Luft abgeschnitten wurde. Plötzlich konnte er sich nicht mehr bewegen.

Seine Beine wurden mit starken Seilen aneinander festgebunden. Um den Hals bekam er noch einen riesi-

gen Stein und dann wurde er ins Wasser geworfen. Der Hengst wurde rasch nach unten gezogen und in Todesangst schlug er um sich und zerschmetterte den Mühlstein um seinen Hals.

Als er seinen Kopf wieder aus dem Wasser streckte, schaute er zum Ufer. Dort sah er seinen Herrn stehen und schwamm auf ihn zu. Bayard kletterte das steile Ufer hinauf. Angst stand in seinen Augen, er war unsicher, ob er es richtig gemacht hatte. Warum wurde er nicht wie sonst für den Beweis seiner Kraft belohnt?

Reinoud wollte den Hengst streicheln, aber er zog seine Hand wieder zurück. Sofort darauf wurde der Hengst mit noch mehr Steinen um den Hals wieder ins Wasser geworfen.

„Reinoud, wie kannst du nur?“, sagt Tonke wütend. „Mach diesem dummen ... diesem lächerlichen Gemetzel ein Ende. Was kümmert dich dieser dämliche Karl der Große? Dann wirst du eben in einem anderen Land wohnen. Gemeinsam mit Bayard bist du unschlagbar. Lass ihn nicht ertrinken. Rette dein Pferd! Rette Bayard!“

Wieder trieb er nach oben. Wieder suchten seine prächtigen Augen verzweifelt den Blick seines Herrn.

Was um Himmels willen hatte das alles zu bedeuten, was wollte sein Herr? Warum ließ er dies zu?

Noch einmal schwamm Bayard zum Ufer und schleppte sich zu Reinoud hin.

„Reinoud, wendet Euch ab, denn solange Euer Ross Euch sieht, wird es nicht ertrinken“, sagte Karl.

Mit hängenden Schultern und Tränen in den Augen stolperte Reinoud davon.

„Reinoud, komm zurück! Blöder Trottel, lahmer Kerl, komm sofort zurück und rette dein Pferd!“

Tonke hält Oedse vor sich und sagt zu dem schwarzen Pferd: „Oedse, tu was dagegen. Vielleicht kann Reinoud dich ja hören. Sag ihm, dass er zurückkommen soll, dass er Bayard retten muss!“

Langsam kullert eine Träne über Oedses Nase und dann noch eine.

„Entschuldige, mein Lieber“, flüstert Tonke ihm zu. „Du kannst natürlich auch nichts machen. Du kannst dich ja auch nicht bewegen.“

Zum dritten Mal warfen die Knechte Bayard in den Fluss.

Der Hengst kam noch einmal nach oben, wieherte ängstlich in der Hoffnung, von seinem Meister zu hören, dass er weiterkämpfen müsse, dass er aus dem Wasser kommen solle. Aber Reinoud war nicht mehr zu sehen und daraufhin gab der Hengst den Kampf auf. Er wurde wieder nach unten gezogen und ließ sich willenlos mitführen, hinein in die dunkle Tiefe.

„Dummer Trottel, Pferdemörder, Schlaffsack, Tierquäler.“ Dicke Tränen strömen über Tonkes Wangen.

Tonke streichelt den schwarzen Hengst, der auf ihrem Schoß liegt.

„Ich würde dich nie ertrinken lassen, Oedse", sagt sie.

Den Friesenhengst fest an sich gedrückt, liest Tonke die letzten Sätze des Buches.

Reinoud legte den heiligen Eid ab, niemals mehr ein Pferd zu reiten, nie mehr ein Schwert zu tragen und nie mehr unter einem Dach zu schlafen. Und an dieses Gelübde hielt er sich.

Einsam und allein zog er durch die Lande in den sieben Jahren, die er aus Frankreich verbannt war. Aber auch als die sieben Jahre vorbei waren, kehrte er nicht zu seinen Brüdern und seiner Frau zurück. Das konnte er nicht.

Bis zu seinem frühzeitigen traurigen Tod – er wurde von einigen Baugesellen ermordet – tat er Buße für die eine große Schuld, die er auf sich geladen hatte. Nein, nicht seine Schuld an der Ermordung des Königssohns. Der hatte es verdient. Ludwig hätte selbst nur zu gerne Adelaarts Kopf abgeschlagen oder lieber noch die Köpfe aller vier Haimonkinder.

Nein, Reinoud trug eine noch größere Schuld, eine, die mit keiner Buße abzutragen war.

Er hatte seinen treusten Kameraden Bayard verraten. Als sein Herr hätte er nicht über das Leben des Hengstes verfügen dürfen. Wenn er weder kämpfen noch fliehen hatte können, hätte er zusammen mit seinem Pferd in den Fluss gehen müssen.

Puh, denkt Tonke erleichert, ich bin also nicht die Einzige, die das so empfindet. Als Mensch darf man einfach nicht über das Leben eines Tieres entscheiden und ganz sicher nicht über das eines Pferdes. Das findet der Autor des Buches also auch. Wie schade, dass er seinen Namen nicht in das Buch geschrieben hat.

Tonke hätte sich gerne einmal mit ihm unterhalten. Jetzt versteht sie auch den Titel. Der Autor hatte sich nicht so sehr einen Titel ausgedacht, sondern eher zu etwas aufgerufen. Er fand, Reinoud hätte sein Pferd retten müssen. Oder vielleicht war die Aufforderung doch für jemand anderen bestimmt?

„Hallo Tonke, soll ich dir ein bisschen vorlesen?“

Vater kommt in ihr Zimmer und sieht sehr munter aus. Als wolle er nichts lieber als ihr vorlesen. Und das stimmt natürlich nicht.

Er nimmt das Buch und schlägt es auf.

„Bist du noch nicht weiter gekommen?“

„Ich habe das letzte Kapitel schon gelesen“, sagt Tonke. „Aber die anderen Kapitel zu lesen ist ein bisschen mühsam, bei all den Seiten, die noch nicht aufgeschnitten sind.“

„Ich mache sie dir schnell auf“, sagt ihr Vater.

Lass nur, will Tonke sagen, aber dann überlegt sie sich, dass Nadia das Buch bestimmt auch lesen möchte.

Vielleicht fällt ihnen gemeinsam etwas ein, wie Bayard gerettet werden kann. Dann spielen sie es in der Minireitschule nach.

Ihr Vater ist eine gute Viertelstunde damit beschäftigt, die nächsten Kapitel aufzuschneiden. Für sie hat er den Fernseher angestellt, aber kein einziges Programm kann Tonke fesseln.

Endlich ist ihr Vater fertig. Er setzt sich neben sie auf den Stuhl und legt gleich los mit seiner Vorlesestimme. Die ist tief, langsam und einschläfernd.

„Kapitel 2: Wie der König seinen Kopf verlor

Reinouds Vater hatte Karl dem Großen versprochen, bei der Krönung seines Sohnes Ludwig anwesend zu sein. Die Fehde zwischen ihnen …"

Erst will Tonke sagen, dass sie dieses Kapitel bereits gelesen hat, aber dann denkt sie: Was soll's? Ich will den Rest der Geschichte sowieso nicht hören.

Tonke setzt Oedse auf ihren Bauch.

Ich spiele einfach in Gedanken mit Oedse, denkt sie.

Wenn Paps fertig ist, danke ich ihm höflich.

Nach einigen Minuten wird die Stimme ihres Vaters auf einmal lebendiger, als würde er sich selbst mitten in der Geschichte befinden: *„Natürlich erfuhr Reinoud, was sich an diesem Abend abgespielt hatte, und war wütend. Dass Ludwig seinen Kopf verpfändet hatte, war dumm, fand er …"*

Während ihr Vater weiterliest, fallen Tonke allmählich die Augen zu. Sie streichelt Oedse und sackt weg, aber nicht in einen Schlaf. Sie sackt noch viel weiter weg.

Die Geschichte mit den vier Haimonkindern geschieht vor ihren Augen. Sie sieht ... Reinoud, der gerade mit Adelaart spricht. Er hat sein Schwert in der Hand und fuchtelt wütend damit herum.

Tonke ist um zwölfhundert Jahre in der Zeit zurückversetzt.

„Tu es nicht, Reinoud", will Tonke rufen, aber Reinoud rennt plötzlich weg und Adelaart eilt hinter ihm her.

Tonke schaut sich um. Sie muss die anderen Brüder warnen, sie muss Graf Haimon zu Reinoud schicken.

Reinoud muss zurückgehalten werden! Er darf den Königssohn nicht enthaupten, denn das ist der Anfang von allem Elend.

He, merkt Tonke auf einmal. Ich bin nicht mehr zu Hause, ich liege nicht mehr im Bett. Ich bin ... in einer Art Scheune mit sehr vielen Pferden.

Es sind die königlichen Ställe Karls des Großen!

Zu spät

Tonke sieht ihn auf einmal in Wirklichkeit, Oedse, äh nein, Bayard.

Der rabenschwarze Hengst schnaubt Furcht erregend in seiner Box. Sein ganzer Körper ist mit Schweiß bedeckt und mit seinen starken Hinterbeinen bollert er gegen die Holzplanken. Es dauert nicht mehr lange und er schlägt sie mittendurch!

Der Hengst hat kräftige Beine mit langen dichten Haaren über seinen Hufen.

Na bitte, das ist eindeutig Oedse, denkt Tonke. Er hat genauso lange Fesselhaare wie der Friesenhengst. Er ist nur viel wilder als Oedse.

Bayard scheint bereit zum Kampf.

Plötzlich hört Tonke Schritte und Schreie. Sie duckt sich in der leeren Box neben Bayard. Ein paar Männer rennen herbei und Tonke erkennt die vier Haimonkinder und deren Vater sofort. Reinoud reißt die Tür zu Bayards Stall auf und legt einen Sattel auf seinen Rücken.

Der sieht aus wie ein Westernsattel, denkt Tonke erstaunt. Nur dass die Sitzfläche mit einer Art Gardinenstoff bezogen ist statt mit schönem Leder. Er wird also wirklich antik sein, genau wie Opas Bücher.

Der Hengst bleibt mucksmäuschenstill stehen, während er gesattelt wird. Er macht das Maul auf, als Reinoud das Gebiss einführen will, und kniet sich auf den Boden, um seinen Herrn aufsitzen zu lassen.

Wie ist das nur möglich, denkt Tonke. Dieser Reinoud ist wirklich ein Dompteur! Könnte ich ihn bloß bitten, Taman zu zähmen. Aber Taman ist beim Abdecker, ungefähr zwölfhundert Jahre weiter in unserer Zeitrechnung.

Tonke schleicht sich auf Zehenspitzen aus der Box.

„Pst, Reinoud", sagt sie. „Hast du eine Minute Zeit für mich?"

„Entschuldigt mich, aber ich habe es ziemlich eilig", sagt Reinoud und lässt Bayard auf der Stelle galoppieren. Nur noch einen Moment und sie werden davonstürmen.

„Ja, das verstehe ich", sagt Tonke schnell. „Aber ich bin hierher gekommen, um Bayard zu retten. Und dich übrigens auch, sozusagen nebenbei. Auf welcher Seite von Kapitel 2 sind wir denn jetzt?"

„Hä?" Reinoud sieht sie verständnislos an.

„Äh, ich meine ..." Wie soll sie das erklären?

Tonke bemerkt, dass Reinoud seinem Pferd die Sporen geben will und ruft aus: „Wenn Ludwig seinen Kopf noch hat, dann lass ihn bitte auch dort sitzen. Aber wenn du dem König den Kopf schon abgeschlagen hast, dann ..."

„Man spricht sogar schon in den Ställen davon“, ruft Reinoud erschrocken. „Wir müssen uns beeilen.“

Ohne ein weiteres Wort an Tonke zu richten oder sie auch nur anzusehen, galoppiert er aus dem Stall.

Auch Reinouds Brüder und sein Vater haben ihre Hengste gesattelt und galoppieren Reinoud hinterher.

Wie anders sehen ihre Pferde aus im Vergleich zu Bayard!

Vor Verblüffung bleibt Tonke stocksteif stehen.

Ihre Pferde sind ziemlich klein. Die Beine der Männer ragen weit unter ihren Bäuchen hervor. Und was für hässliche Köpfe haben die Pferde. Ramsköpfe! Viel zu groß im Verhältnis zu ihrem Körper.

Tonke rennt den Pferden nach.

Die Haimonkinder galoppieren über den Platz. Als sie durch das äußerste Brückentor galoppieren, bricht wüstes Gebrüll los.

Der Platz füllt sich mit Soldaten und Tonke hört sie alle schreien: „Haltet die vier Haimonkinder! An den Galgen mit Reinoud!“

Tonke kann den Pferden nicht mehr folgen und eilt zurück zu den Ställen. Sie muss ein Pferd haben, sie muss Reinoud erzählen, welches Schicksal Bayard erwartet, wenn er dasselbe tut wie in Opas Buch. Die Geschichte muss verändert werden!

Nur ruhig, denkt Tonke auf einmal. Ich brauche mir überhaupt keine Sorgen zu machen. Bayard und Reinoud retten sich bestimmt, andernfalls wären sie im Buch niemals bis Kapitel 10 gekommen.

Tonke sucht sich ein Pferd aus. Es gibt reihenweise Ställe und dutzende von Pferden, also hat sie genug Auswahl.

Prüfend geht sie an den Boxen vorbei. Alle Pferde, die sie hier sieht, ähneln den Pferden der Brüder Reinouds. Sie sehen aus wie belgische Zugpferde in kleinerer Ausführung, absolut keine Reitpferde, nichts für sie!

Plötzlich bleibt sie stehen.

In der letzten Box steht das Pony, an das sie in den letzten Tagen immer gedacht hat und das sie so schrecklich gerne sehen wollte. Es ist Taman!

Er wiehert Tonke leise zu und Tonke reißt die Stalltür auf und wirft die Arme um seinen Hals.

„Siehst du, dass du noch lebst? Ich wusste es einfach", ruft sie aus und beginnt vor Freude zu weinen.

Taman reibt seinen Kopf an ihrem Arm.

„Wir werden Bayard retten, Taman. Du und ich. Aber wir müssen uns beeilen!"

Tonke findet einen Sattel und Zaumzeug. Der Sattel ähnelt Reinouds Westernsattel. Das Zaumzeug sieht nach nichts aus. Ein aus Metall zusammengehauenes Gebiss. Ein bisschen Leder und Stoff dazu und fertig ist die Laube.

Von schöner Verarbeitung haben die im Jahre 800 noch nie was gehört, denkt Tonke. Das machen wir in unserer Zeit doch schon ein bisschen besser. Und wir haben auch viel hübschere Pferde. Was für hässliche Klepper hat Karl der Große da stehen!

Tonke sitzt auf und trabt über den Platz. Es herrscht Totenstille. Alle Soldaten sind verschwunden.

Wo sind Reinoud und seine Brüder?, fragt sich Tonke.

Sie reitet durch das noch geöffnete Burgtor und trabt durch die Gassen der Stadt.

In der Ferne hört Tonke auf einmal Geschrei und, als sie näher kommt, Hufgetrappel und das Klirren von Waffen.

Sie galoppiert schnell weiter und gelangt zu einem kleinen Platz, auf dessen Mitte sie Reinoud und seine Brüder stehen sieht. Sie sind umringt von dutzenden bewaffneter Ritter und noch mehr Soldaten zu Fuß mit Schild und Schwert.

Tonke befürchtet das Schlimmste. Sie will den Brüdern gerne helfen, aber sie weiß nicht wie. Die Übermacht ist zu groß.

Tonke steigt von Taman ab und versteckt sich hinter einem Schuppen.

Als Erstes fällt der Hengst von Graf Haimon, der nun zu Fuß weiterkämpfen muss. Innerhalb kurzer Zeit haben auch Ritsaart und Writsaart keine Pferde mehr. Rücken an Rücken kämpfen sie weiter.

Wenn Reinoud ihnen nicht schnell zu Hilfe eilt, werden sie getötet!

„Reinoud, hilf deinen Brüdern, hilf deinen Brüdern“, ruft Tonke so laut sie kann. Aber er hört sie natürlich nicht.

Pferde hören viel besser als Menschen, denkt Tonke.

„Bayard, rette die Haimonkinder, sonst sind sie verloren“, ruft sie dem Hengst zu.

Bayard spannt sofort die Muskeln an. Schnell dreht er sich um und tritt gezielt nach hinten aus.

Ein Ritter zu Pferd und zwei Soldaten fliegen meterweit durch die Luft.

Danach schlägt Bayard mit den Vorderbeinen zu.

Der Hengst eines Gegners erkennt in Bayard schnell den Stärkeren und macht, dass er wegkommt.

Reinoud lenkt den Hengst durch das Schlachtgetümmel zu seinen Brüdern.

Unter einem zerbeulten Helm erkennt er Adelaart. Kurz darauf sitzt sein Bruder hinter ihm auf Bayard.

Der Hengst scheint die zusätzliche Last auf seinem Rücken noch nicht einmal zu spüren. Mit den Zähnen packt er einen Soldaten, der ihm im Weg steht und schleudert ihn ein ganzes Ende weg.

Reinoud sieht ein Pferd ohne Reiter vorbeitraben. Er greift nach dem Zügel und reicht ihn seinem Vater.

„Nimm dieses Ross und flüchte, Vater!“

Bayard steigt, schlägt nach hinten aus und steigt wieder. Mit seinen Hufen wirft er bestimmt drei Reiter aus dem Sattel.

Jetzt ist der Weg einen Moment frei für Ritsaart und Writsaart und eilends springen auch sie auf den Rücken des Hengstes.

Reinoud lenkt Bayard quer über den Platz in die Gasse, die zum Tor in der Stadtmauer führt.

Seine Gegner haben noch nicht einmal bemerkt, dass er verschwunden ist, so schnell ist alles gegangen.

„Wartet auf mich!“, ruft Tonke. Sie springt auf Taman und galoppiert hinter den Brüdern her.

Sie sieht, wie die Torwächter unsanft zur Seite geschoben werden und verdattert zusehen, wie ein Reiter von einem riesigen schwarzen Hengst springt, den hölzernen Torbalken zur Seite schiebt, wieder auf sein Pferd springt und weggaloppiert.

Ein schwarzer Hengst mit vier Reitern auf dem Rücken!

Tonke will Bayard folgen, aber genau vor dem Stadttor beginnt Taman zu bocken.

Das Pony hat restlos genug von der Sache. Mal soll er stillstehen, das nächste Mal galoppieren, was das Zeug hält. Taman hat Hunger und will jetzt fressen.

Oh nein, bitte, denkt Tonke, nicht jetzt. Sie ruft: „Beeile dich, Taman, wir müssen mit den Haimonkindern mit. Wir müssen Bayard helfen.“

Aber Taman weigert sich Tonke zu gehorchen.

Er drückt seinen Kopf auf den Boden und schnellt mit dem Hinterteil hoch. Dann bleibt er einen Augenblick stehen, um das Ergebnis abzuwarten.

Oh, Tonke sitzt noch.

Taman springt mit vier steifen Beinen gleichzeitig hoch und macht sofort danach einen hohen Bocksprung. Verblüfft schaut er sich nach seiner Reiterin um. Tonke hat es nicht einmal aus dem Sattel gehoben, sie wirkt wie festgeklebt.

„Ich habe mir abgeschaut, wie Reinoud auf Bayard sitzen geblieben ist, Taman, du kriegst mich wirklich nicht mehr runter. Also los, wird das heute noch was, du dämlicher Klepper?“, ruft Tonke böse.

Taman versucht es noch einmal. Erst springt er hoch und vollführt drei Sprünge auf seiner Hinterhand. Sogar ein Zirkuspferd könnte neidisch auf ihn werden.

Danach wechselt er auf die Vorderhand und schlägt mehrfach nacheinander mit den Hinterbeinen hoch. Er zeigt eine Serie aus acht Bocksprüngen. Tonke sitzt sie in aller Ruhe aus. Ihre Beine liegen fest um Taman und mit den Hüften fängt sie die Bewegungen wie ein Rodeoreiter auf.

Die Torwächter haben sich inzwischen von Reinouds Angriff erholt und kommen nun auf sie zu. „Steig mal eben ab, Mädchen“, sagt einer von ihnen. Der Mann hat einen wilden roten Bart und sein Blick verheißt nicht viel Gutes. Der andere Torwächter schiebt das große Stadttor langsam zu.

Oje, ich bin zu spät, denkt Tonke beklommen.

Auf der Suche

In ganz weiter Ferne kann Tonke Bayard gerade noch erkennen. Er galoppiert mit den vier Brüdern auf dem Rücken in Grauen erregender Geschwindigkeit davon.

Der Torwächter mit dem roten Bart packt Taman am Zügel und versucht sie von seinem Rücken zu zerren.

Das geht schief, denkt Tonke. Gleich sperren sie mich ein.

„Taman, rette uns, sonst sind wir verloren“, ruft Tonke. „Ich lande in einem dunklen Keller und du in der Auslage der Metzgerei.“

Taman hört die Not in ihrer Stimme. Er steigt wild, reißt sich von dem einen Torwächter los und schlägt nach dem anderen aus. Dann rennt er los.

„Gut so, Taman“, ruft Tonke erleichtert, als sie gerade noch durch das Stadttor schlüpfen können.

Ein paar Kilometer lang rasen sie über eine gepflasterte Straße, dann landen sie bei einer Holzbrücke, die über einen breiten Fluss führt.

Die Brücke sieht nicht sehr Vertrauen erweckend aus, denkt Tonke.

Das Flusswasser wirbelt wild in alle Richtungen, als würden an dieser Stelle mehrere Ströme ineinander fließen.

Es gibt zwar noch einen anderen Weg am Flussufer entlang, aber der ist sehr schmal und von Steinen übersät.

Tonke vermutet, dass sich dieser Weg schon bald totläuft.

„Dann eben doch über die Brücke. Los, mein Junge“, sagt Tonke und Taman setzt vorsichtig seine Hufe auf die Brücke.

Tonke bleibt so ruhig wie möglich sitzen, denn die Holzbohlen krachen jetzt schon unter ihrem Gewicht. Wie auf Zehenspitzen geht Taman weiter.

Tonke stößt einen erleichterten Seufzer aus, als sie die andere Seite erreicht haben.

Der Weg geht in lockeren Sand über.

Nachdem er eine halbe Stunde lang galoppiert ist, wird Taman allmählich müde. Er fällt in Trab und dann in Schritt und streckt seinen schweißbedeckten Hals. Auch Tonke ist müde vom Reiten.

Sie kommen an eine dreiarmige Gabelung aus Sandwegen und es gibt keinerlei Schilder, die ihnen sagen, wohin sie müssen.

Taman bleibt stehen und Tonke schaut sich um.

Welchen Weg haben die Haimonskinder wohl genommen? Woher kommen sie eigentlich? Ach ja, hieß dieser Graf Haimon nicht „von Ardennen“? Nun, dann werden sie wohl aus Belgien stammen.

Liegt Belgien links oder rechts?

Aber sind die Haimonkinder wirklich auf dem Weg nach Belgien? Wenn sie zu ihrem eigenen Schloss zurückkehren, werden sie dann nicht sofort von den Soldaten des Königs ergriffen?

Zu blöd, dass sie die dazwischenliegenden Kapitel nicht gelesen hat. Dann wüsste sie jetzt genau, wohin sie gingen.

Tonke bleibt lange bei der Weggabelung stehen.

„Such du den Weg aus, den wir nehmen, Taman", sagt sie schließlich. „Ich vertraue auf deinen Instinkt."

Taman entscheidet sich für den Sandweg zur Linken.

Nach drei Stunden ist der Sandweg noch immer ein Sandweg. Die Umgebung scheint sich überhaupt nicht zu verändern.

Wiesen, ab und zu eine kleine Hütte oder ein Bauernhof und manchmal ein paar Bäume oder ein Waldstück.

Ein paar hundert Meter weiter entfernt sieht Tonke wieder einen Bauernhof.

„Wir sollten besser mal nach dem Weg fragen, Taman", sagt sie. „Ich weiß überhaupt nicht, wo wir sind, und allmählich bekomme ich Hunger."

Tonke trabt zum Bauernhof, aber als sie näher kommt, sieht sie so viele Menschen, dass sie sich hinter einer Baumgruppe versteckt.

Angenommen, sie reagieren genauso wie die Torwächter und wollen sie von ihrem Pferd ziehen?

„Bleib du einfach hier“, sagt Tonke zu Taman und nimmt den Sattel von seinem Rücken und das Gebiss aus seinem Maul.

„Ich habe kein Halfter dabei, aber ich gehe davon aus, dass du nicht wegläufst. Versprichst du das, Taman?“

Der Wallach grast unerschütterlich weiter.

Tonke schleicht von Baum zu Baum, bis sie dicht am Bauernhof ist.

Kurz darauf steht Tonke neben einem Hühnerstall. Sie hört das geschäftige Glucken der Hühner, die eine geeignete Stelle für ihre Eier suchen. Aber sie hört noch etwas anderes. Schritte im Stall. Danach wird eine Tür zugeschlagen.

Tonke späht um die Ecke und sieht einen Jungen weggehen, der ungefähr in ihrem Alter ist. Er wirkt nicht so gefährlich und Tonke rafft all ihren Mut zusammen.

„Pst.“

Der Junge dreht sich um.

„Wer bist du?“, fragt er erstaunt. „Ich kenne dein Gesicht überhaupt nicht.“

„Kein Wunder, ich bin hier auch zum ersten Mal, ich kenne dein Gesicht auch nicht“, sagt Tonke. „Erzähl mir lieber, wie ich nach Belgien komme und ob ich hier irgendwo etwas zu essen kriegen kann.“

Tonke fühlt in den Taschen ihrer Jeans und sagt dann bedauernd: „Ich fürchte, ich habe kein Geld bei mir.“

Der Junge starrt sie weiterhin sprachlos an.

Was ist denn wohl so seltsam an mir?, fragt sich Tonke.

Ja, wir sind unterschiedlich gekleidet.

Der Junge trägt ein etwas angegrautes Hemd, das in seiner Taille von einem Seil zusammengehalten wird. Um seine Beine sind Lappen gewickelt und an seinen Füßen sieht sie die Art Pantoffel, die Clowns im Zirkus tragen.

Sie selbst hat Jeans und T-Shirt an und natürlich ihre Stiefeletten aus schwarzem Leder. Normale Kleidung eben, findet Tonke.

„Wie heißt du?“, fragt sie, um ein Gespräch in Gang zu bringen.

„Wehillem“, sagt der Junge, und dann mit einer etwas festeren Stimme: „Willem.“

„Hallo Willem“, sagt Tonke. „Kennst du zufällig den Weg nach Belgien?“

Willem zuckt mit den Schultern. „Ich habe noch nie von Belgien gehört.“

Oje, denkt Tonke, dann gibt es Belgien vielleicht noch gar nicht.

„Ich bin auf dem Weg in die Ardennen“, sagt sie dann. „Und ich muss etwas essen, sonst falle ich um vor Hunger. Aber sonst darf mich niemand zu Gesicht kriegen!“

Obwohl Tonke Willem vertraut, hat sie Angst vor den Erwachsenen aus dieser Zeit. Sie hat bereits gesehen, dass die Männer hier auf dem Hof den Torwächtern in der Stadt ähnlich sehen. Wüst und behaart!

Aber Willem begreift natürlich nicht, warum niemand sie sehen darf. Und vielleicht versteht er auch nicht, warum sie Reinoud, diesem aufbrausenden Hitzkopf, der den Königssohn geköpft hat, helfen will.

Darum flüstert sie geheimnisvoll: „Äh ... ich bin ein Spion, äh, wie nennt man so jemanden, äh ... Kundschafter des Königs und ich bin hinter den Haimonkindern her. Reinoud hat den Königssohn enthauptet. Hast du sie zufällig gesehen?“

Willem flüstert zurück: „Wir stehen treu hinter unserem König Karl. Er hat dafür gesorgt, dass wir nun freie Bauern sind. Ich werde dir helfen.“

In einer hölzernen Schubkarre, über die er eine Decke gebreitet hat, bringt Willem sie zu einer großen Scheune.

In der Scheune laufen ein paar Schafe und Ziegen herum, aber sonst kann Tonke wenig sehen. In der Wand befinden sich nur zwei kleine Löcher, die als Fenster dienen.

Riechen kann sie dafür umso mehr. Schafs- und Ziegenkot. Wird dieser Stall denn nie gesäubert?

Als sich Tonkes Augen an die Finsternis gewöhnt haben, sieht sie auf einmal, dass auch ein Pony in dieser Scheune steht. Zum Glück kein Pferd mit einem solchen Ramskopf wie bei den Kleppern des Königs. Es sieht eher aus wie ein liebes Shetlandpony und noch dazu ein schönes schwarzes!

„Hübsches Tier, Willem“, lobt Tonke. „Was ist das für eine Rasse?“

„Das ist eine Friesenstute“, sagt Willem stolz. „Die hat mein Vater in Dorestad gekauft.“

„Himmel, die ist aber wirklich sehr klein für einen Friesen“, sagt Tonke. „In unserer Zeit ... äh, die Pferde des Königs sind ein Stückchen größer.“

Willem zuckt mit den Schultern. „Tja.“

Er zeigt ihr eine Holzbank, auf der etwas Stroh liegt. „Dort kannst du dich ein bisschen ausruhen, während ich etwas zu essen für dich hole.“

„Nett von dir“, sagt Tonke und reibt sich den Bauch. „Ich hätte richtig Lust auf eine leckere vegetarische Frikadelle, aber das ist wahrscheinlich nicht drin, was?“

„Was ist eine vegetarische Frikadelle?“, fragt Willem. „Bekommst du das beim König zu essen?“

„Äh ja, und was hast du zu essen, Willem?“, fragt Tonke.

„Es werden noch ein paar Hühnerschlegel übrig sein und ein Stück Brot. Ich kann im Obstgarten ein bisschen Obst für dich pflücken. Vielleicht sind schon ein paar Pflaumen reif, auch wenn es noch kein Erntemonat ist.“

„Lass das mal mit den Hühnerschlegeln, denn ich bin Vegetar ... äh ... ich darf kein Huhn essen, hat der König gesagt, wegen der Salmonellen, du weißt schon. Aber Obst passt immer gut und Brot auch. Erstmal danke.“

Eine halbe Stunde später ist Willem mit Brot, Obst und einer Schale Milch zurück.

Gierig schlägt Tonke ihre Zähne in einen Brocken Weißbrot.

„Das ist noch nicht alles“, sagt Willem und rollt einen dicken Packen Kleider aus.

„Ich habe hier die Sachen von einem Pagen. Als Kundschafter des Königs kannst du nicht in diesen Kleidern weiterreisen. Du hast wirklich eine merkwürdige Verkleidung gewählt. Sicher die neuste Mode bei Hof, was? Die kennt das Volk noch nicht. Zieh das hier an, dann fällst du weniger auf.“

„Wie kommst du an die Kleider?“, fragt Tonke neugierig.

„Der Page ist hier vor dem Bauernhof vom Pferd gefallen und gestorben“, sagt Willem. „Er ist im Wald von Strauchdieben überfallen worden und die haben ihn beraubt und ihm ein Messer in den Rücken gestochen. Gut, was, dass er es noch bis zum Bauernhof geschafft hat? Er musste bestimmt noch eine Stunde lang reiten.“

Tonke riecht an den Kleidern. Igitt, sie stinken.

Pikbubekleider. Ein rotsamtenes Wams mit einem Spitzenkragen, der früher mal weiß gewesen ist.

„Das Loch von dem Messerstich ist zugenäht“, sagt Willem hilfsbereit. „Oh ja, und ich habe auch Neuigkeiten über die Haimonkinder. Der König hat sie verbannt. Sie scheinen auf dem Weg zu ihrer Burg Montalbaan zu sein. Wusstest du das schon?“

Tonke hängt an seinen Lippen, aber sie sagt: „Ja, natürlich wusste ich das schon."

„Aber was du vielleicht noch nicht weißt, ist, dass der König ein Wettrennen angekündigt hat. Der König hätte gern ein schnelles Pferd für Ritter Roeland, seinen Neffen. Dafür stiftet er sogar seine Krone. Der Reiter, der das Wettrennen gewinnt, darf die Krone des Königs haben und die ist ein Vermögen wert."

Dann zwinkert er Tonke im Zeichen guten Einvernehmens zu und flüstert: „Der König denkt, dass Reinoud mit Bayard beim Wettrennen auftauchen wird. Der Prahlhans wird beweisen wollen, dass er das schnellste Pferd im ganzen Land besitzt. Der König wird ihn in aller Ruhe am Wettrennen teilnehmen lassen und ihn danach gefangen nehmen. Und dann behält er natürlich Bayard. Es ist ein wirklich klug ausgedachter Hinterhalt!"

Willem sieht sie stolz an, als hätte er sich den Plan selbst ausgedacht.

„Wunderbar, Willem, was du alles in Erfahrung gebracht hast. Das mit dem Wettrennen wusste ich noch nicht, denn ich habe den König heute noch nicht gesprochen. Aber ich muss sofort dorthin, denn der König hat seine Kundschafter gerne um sich. Wo findet das Wettrennen statt?"

„In der Nähe der Stadt am Flussufer. Bist du da nicht schon vorbeigekommen? Das ist bei dem wilden Fluss mit der baufälligen Brücke."

Dann muss ich denselben Weg von heute wieder

ganz zurück, denkt Tonke. Wenn ich bloß nicht zu spät komme, um Reinoud zu warnen.

Bis jetzt hat sie noch nichts tun können, um der Geschichte eine andere Wendung zu geben, und sie hat auch keine Ahnung, wie das Wettrennen ausgehen wird. Denn das steht natürlich in einem der Kapitel, die sie nicht gelesen hat.

Der Hinterhalt

Willem begleitet sie zu Taman. Der Wallach wiehert ihr schon von weitem zu.

„Was für ein prachtvolles Pferd“, sagt Willem. Sein Gesicht strahlt vor Begeisterung.

„Das ist ein Pony, kein Pferd.“

„Hä?“, fragt Willem. „Ein Pony, was ist ein Pony?“

„Ein kleines Pferd“, sagt Tonke.

„Ich finde, es ist ein ziemlich großes Pferd“, sagt Willem. „Aber na ja, vielleicht habt ihr am Hof richtige Riesenpferde. Das weiß ich nicht, denn ich bin noch nie am Hof gewesen.“

Auf einmal hat Willem eine Idee.

„Äh, meiner Meinung nach ist unsere Stute im Stall rossig. Könnte dein Hengst nicht mal eben äh ...?“

„Das ist ein Wallach, kein Hengst“, sagt Tonke und prustet vor Lachen. „Man hat ihm die Hoden entfernt.“

„Ach, wie traurig“, sagt Willem. „Was muss das wehgetan haben.“

„In unserer Zeit machen wir das unter Betäubung“, sagt Tonke.

Plötzlich wird Willem wütend. „In unserer Zeit machen wir das überhaupt nicht“, sagt er.

Tonke sattelt Taman und sagt: „Danke für alles. Auf Wiedersehen.“

Während sie davonreitet, winkt sie noch ein paar Mal Willem zu, der ihr lange nachschaut.

Taman trabt ruhig durch die wunderschöne Landschaft. Er macht keinerlei Anstalten zu bocken.

Vielleicht hat er es sich abgewöhnt, weil ich letztes Mal auf ihm sitzen blieb, denkt Tonke. Sie beginnt leise zu summen und Taman trabt im Rhythmus zu ihren Liedern.

„Wir sind noch niemandem begegnet. Schön ruhig, nicht wahr, Taman?“, sagt Tonke. „Ganz was anderes als in unserer Zeit.“

Plötzlich bleibt Taman stehen.

Sie sind wieder bei der dreiarmigen Sandweggabelung.

Auf dem Weg zu ihrer Linken sieht sie ganz weit weg jemanden auf einem Pferd nahen.

Aber ... ist das nicht Reinoud auf Bayard?

Als sie näher kommen, schüttelt Tonke den Kopf. Auf großen Abstand und im Schatten einer Baumreihe hatte sie wirklich für einen Moment geglaubt, es handle sich um Reinoud und Bayard. Aber das kann gar nicht sein. Dieser Reiter hat dunkle Locken an Stelle von hellen und der Hengst selbst ist schneeweiß und nicht rabenschwarz.

Dann muss es einer der Ritter auf dem Weg zum

Wettrennen sein, denkt Tonke und spornt Taman an. Sie will dem jungen Ritter folgen.

Aber auf einmal will Taman nicht weiter.

Als Tonke ihre Fersen in seinen Bauch bohrt, geht er erst ein paar Schritte rückwärts und dann bockt er schrecklich hoch.

„Drück deinen Hintern in den Sattel und tu ansonsten so, als würdest du nicht einmal merken, dass er bockt", hört sie den jungen Ritter auf einmal sagen. Er reitet jetzt neben ihr.

Einen Augenblick meint Tonke etwas Bekanntes in seiner Stimme zu hören, aber Taman lenkt sie ab.

Bei seinem nächsten Bocken hebt es sie keinen Zentimeter aus dem Sattel. Sie schimpft Taman auch nicht aus wie sonst. Tonke summt einfach wieder lustig vor sich hin.

Taman sieht sich erstaunt um, tänzelt kurz auf der Stelle und trabt dann neben dem großen weißen Hengst weiter.

„Gut so, jetzt bist du wieder der Herr", sagt der junge Ritter. „Wenn dein Pferd begreift, dass er keinen Eindruck auf dich machen kann, erkennt er dich als Stärkeren an und dann macht er gerne, was du willst. Dann fühlt er sich sicher. Es ist eine Frage des Vertrauens."

Der Ritter galoppiert auf einmal rasend schnell davon. Tonke merkt sofort, dass es keinen Sinn hat, ihm zu folgen.

Taman ist bestimmt nicht langsam, aber dieser

weiße Hengst ist unglaublich schnell. Genauso schnell wie ... Bayard.

Wenig später ist sie am Fluss angekommen, dem Fluss mit der baufälligen Brücke.

Ein paar Soldaten schleppen eifrig Seile und Holzbohlen. Verstärken sie etwa die Brücke? Das wird allerdings höchste Zeit.

„He, Page, geh aus dem Weg. Die Brücke wird abgerissen", ruft ein Soldat.

Das kann nicht sein, das darf nicht sein, denkt Tonke, als sie das wilde Wasser unter ihr betrachtet. Sie muss den Fluss überqueren und schwimmend geht das hier wirklich nicht.

„Mein Pferd hat kein Schwimmdiplom. Ich muss einfach über die Brücke", ruft Tonke und setzt Taman in Galopp.

„Sie wird einstürzen", hört Tonke Schreie, aber sie sind schon auf der Brücke.

„Schneller, Taman, schneller", ruft Tonke, als sie die Seile reißen hört.

Taman galoppiert sich die Beine aus dem Leib und das muss auch so sein, denn hinter ihnen beginnt die Brücke einzustürzen. Die großen Pfeiler, auf denen die Brücke ruht, knicken ein wie Streichhölzer und immer schneller fällt die Brücke in sich zusammen.

„Nur noch ein paar Meter", schreit Tonke und Taman spannt noch einmal all seine Muskeln an.

In dem Moment, als sie festen Boden unter ihren Füßen haben, sind hinter ihnen nur noch ein klaffender Abgrund und unten in der Tiefe wild schäumende Fluten zu sehen.

Die Holzpfähle knallen gegeneinander und hüpfen auf dem tosenden Fluss hoch in die Luft.

„Gut gemacht, du Tüchtiger der Zukunft“, sagt ein alter Soldat. „Du übst sicher für das Wettrennen? Aber dann musst du dennoch erst Ritter werden, bevor du mitmachen darfst.“

„Warum wurde die Brücke abgerissen?“, fragt Tonke keuchend. „Es ist die einzige Möglichkeit, über den Fluss zu setzen.“

„Genau“, sagt der Soldat. „Und das gilt natürlich auch für Reinoud und Bayard. Reinoud ist ein richtiger Angeber. Er will beweisen, dass sein Hengst der schnellste im Land ist. Er will die Krone des Königs gewinnen! Wir nehmen an, dass Reinoud und Bayard schon auf dieser Seite des Flusses sind, um am Wettrennen teilzunehmen. Anschließend können sie nur leider nicht mehr zurück. Dann fangen wir Reinoud und hängen ihn an den höchsten Galgen.“

„Und sein Pferd wird sicher ertränkt“, ruft Tonke böse aus.

„Nein, das ist für den Neffen Roeland“, sagt der Soldat verblüfft. „Wer ertränkt denn schon einen solch prachtvollen Hengst?“

„Der König, wenn ich es nicht verhindern kann“, sagt Tonke und galoppiert weiter.

Wird der König Bayard wirklich sterben lassen, wenn er das Rennen gewonnen hat?

Schon bald sieht Tonke das Gelände, auf dem das Wettrennen stattfindet. Überall hängen bunte Fahnen mit den Wappen der Ritter, die mitmachen. Aus mehreren Ecken sind Hornklänge zu hören.

Tonke gesellt sich zu einer Gruppe Pagen und Schildknappen zu Pferd. Sie fällt nicht einmal auf. Die Jungen um sie herum wetten eifrig.

„Ich setze meinen verzierten Dolch auf Ritter Adalbert. Sein Fuchshengst ist ein Geschenk des Kalifen von Bagdad und soll unschlagbar sein."

„Meinen goldenen Weinbecher auf den jungen Ritter mit dem weißen Hengst. Einen so großen Hengst habe ich noch nie gesehen."

Ein kleiner Page sagt: „Ich würde auf Bayard wetten, aber ich habe ihn noch nicht gesehen."

„Reinoud wird es bestimmt nicht wagen, hier aufzutauchen", ruft ein anderer Page aus. „Er wird dann sofort gefangen genommen und aufgehängt. So verrückt wird er doch nicht sein?"

Plötzlich ist es totenstill.

„Der König", hört Tonke ehrerbietiges Flüstern hinter sich.

Zwölf Soldaten sorgen dafür, dass es einen breiten Durchgang für den König und sein Gefolge gibt.

Tonke und die Jungen werden nach hinten geschickt.

Dann reitet Ritter Roeland heran. Auf einem purpurnen Kissen trägt er die mit hunderten von Edelsteinen geschmückte Königskrone.

Tonke vernimmt von allen Seiten leise, bewundernde Ausrufe.

Dann endlich sieht sie den König persönlich.

Karl der Große macht seinem Namen alle Ehre. Er ist hoch gewachsen, viel größer als die Männer, die ihn umgeben. Seine Augen scheinen alles zu sehen und über seinem Mund prangt ein eleganter Schnurrbart. Er trägt einen schlichten blauen Mantel.

Aber wie lächerlich klein ist sein Pferd!

Die Füße des Königs schleifen fast auf dem Boden.

Reinoud sollte Bayard als Zuchthengst einsetzen, denkt Tonke. Damit kann er Geld verdienen. Mit einem solchen Pferd kann man größere Pferde züchten!

Neben dem König reiten seine Gemahlin und hinter ihm seine Töchter, begleitet von zwölf Rittern.

Als alle ihren Platz eingenommen haben, hebt Karl der Große den Arm zum Zeichen, dass sich die Ritter bereithalten sollen.

Tonke sieht, wie sie sich hinter dem Seil aufstellen, das zwischen zwei Pfosten gebunden ist. Ein Knecht mit einem Messer steht daneben, um auf ein Zeichen des Königs das Seil zu kappen.

Kein Reinoud und kein Bayard, denkt Tonke erleichtert.

Sie haben natürlich geahnt, dass dies ein Hinterhalt ist.

Tonkes Aufmerksamkeit wird durch den Fuchshengst Ritter Adalberts in Anspruch genommen.

Herrje, denkt sie, ein echter Araber!

Der Hengst tänzelt nervös und steigt sehr hoch.

Ritter Adalbert schlägt ihn fest auf den Kopf und jetzt wird der Hengst wild.

Dummer Kerl, du darfst nie mit einem Araber kämpfen, sagt Tonke in Gedanken zu dem Ritter. Du kannst bitten, nie fordern. Araber haben einen sehr empfindsamen Charakter.

Aber Ritter Adalbert hat so seine eigenen Vorstellungen über Pferdeerziehung. Er schlägt dem Hengst ein paar Mal kräftig um die Ohren und sein Pferd galoppiert in schnellen kleinen Runden, um den Schlägen zu entgehen.

Als Ritter Adalbert sein Pferd wieder ein wenig unter Kontrolle hat, senkt König Karl seinen Arm und der Knecht schneidet das Seil entzwei.

In fliegendem Galopp rennen die Pferde über das Feld auf dem Weg zu dem elfenbeinfarbenen Dreieck, auf dem die Krone des Königs ruht.

Der Reiter, der sich der Krone zu bemächtigen weiß, hat gewonnen.

Schon bald haben der fuchsfarbene und der weiße Hengst einen gewaltigen Vorsprung gegenüber den anderen Pferden.

Es wäre vielleicht ein spannender Wettstreit geworden, wenn Ritter Adalbert seinen Hengst in Ruhe gelassen hätte. Aber das tut er nicht. Wahrscheinlich weiß er wirklich nicht, mit einem Araber umzugehen. Er lehnt sich furchtbar weit nach hinten und schlägt seinem Pferd unablässig auf die Hinterhand.

Irgendwann ist es der Hengst leid. Er bockt, wirft seinen Reiter ab und rennt von der Bahn.

Der weiße Hengst eilt unbeirrbar weiter und sein Vorsprung gegenüber den anderen Pferden wird noch größer.

Wenig später bückt sich sein Reiter, um die Krone von dem Dreieck zu greifen.

Der junge Ritter verkürzt die Zügel und bleibt auf Höhe des Königs stehen.

„Dieses Pferd ist sogar schneller als Bayard“, sagt der König begeistert zu seinem Neffen Roeland, der neben ihm sitzt.

Zu dem Gewinner des Rennens sagt er: „Ich kaufe dein Pferd, Junker. Sag, was du dafür haben willst. Und ich möchte auch gerne meine Krone zurückhaben. Nenn nur deinen Preis.“

„Meinen Hengst Bayard verkaufe ich nicht, mein königlicher Onkel“, sagt der junge Ritter. „Und die Krone bekommt Ihr auch nicht zurück. Die bewahre ich in der Schatzkammer meines Schlosses Montalbaan auf.“

„Reinoud?“, stammelt der König, aber er fasst sich sofort wieder. „Es ist Reinoud von Montalbaan. Er hat sich eine Perücke übergestülpt und sein Pferd gefärbt. Soldaten, nehmt ihn gefangen.“ Die Soldaten des Königs sind schnell, aber doch nicht schnell genug.

Reinoud galoppiert bereits mit seinem Hengst auf das Wasser zu und gemeinsam tauchen sie in die Fluten.

Oh nein, denkt Tonke, ihr werdet ertrinken. Dieser Fluss ist viel zu wild!

Aber ihre Angst ist unbegründet. Kurz darauf sieht Tonke, wie sich zwei Köpfe aus dem Wasser strecken.

Bayard scheint ebenso gut schwimmen wie laufen zu können.

Und jedes folgende Mal, wenn Bayards Kopf über Wasser kommt, ist er ein bisschen schwärzer. Als sie ein paar Minuten später auf der anderen Seite aus dem Wasser klettern, ist Bayard wieder rabenschwarz.

Nun habe ich Reinoud immer noch nicht vor Bayards Schicksal warnen können, denkt Tonke. Und dabei habe ich sogar an der Weggabelung mit ihm gesprochen!

Dieser dumme Reinoud hat den König nun noch mehr gegen sich aufgebracht. Ich muss eine List ersinnen, um Bayard zu retten.

Auf nach Dorestad

Um Reinoud folgen zu können, muss Tonke warten, bis eine Notbrücke über den wilden Fluss gezimmert ist, und das dauert ein paar Tage.

Diesmal biegt sie bei der dreiarmigen Sandweggabelung nach rechts ab, weil sie das letzte Mal Reinoud von dort hat kommen sehen.

Tonke sucht die Abdrücke von Bayards großen Hufen auf dem breiten Weg, aber sie kann sie nicht finden. Sie sieht allerdings hunderte anderer Hufabdrücke.

Mist, hier ist bestimmt ein ganzes Heer durchgekommen. Hoffentlich nicht das Heer des Königs auf dem Weg nach Montalbaan?

Tonke kommt an vielen Abzweigungen und Seitenwegen vorbei und sie hat kaum eine andere Wahl als den vielen Spuren zu folgen.

Unterwegs holt sie einen Jungen ein. Er trottet mit einem schwer beladenen Pony an der Hand vor sich hin.

Als sie neben ihm reitet, fragt Tonke: „Hallo, kannst du mir vielleicht sagen, wohin dieser Weg führt?“

Der Junge hebt den Kopf und Tonke erkennt Willem, den Jungen vom Bauernhof, der ihr so sehr geholfen hat. Sein Pony ist die Friesenstute aus der Scheune. Auch Willem erkennt Tonke.

„Der Kundschafter des Königs!“, sagt er verblüfft.

Danach starrt er mürrisch vor sich hin und sagt: „Der König interessiert sich nur für den Krieg gegen die Sachsen und für diesen dämlichen Reinoud von Montalbaan. Für seine freien Bauern tut er nichts. Unser Bauernhof wurde verbrannt und geplündert, meine Familie ermordet.“

„Oh, das finde ich schlimm für dich, Willem“, sagt Tonke. „Und wohin gehst du jetzt?“

„Ich gehe nach Dorestad, um ein neues Leben aufzubauen. Es scheint da einigermaßen sicher zu sein.“

„Das hoffe ich für dich, Willem“, sagt Tonke behutsam und still reitet sie im Schritt neben ihm her. Was soll sie ihm sonst auch noch sagen?

„Und du bist sicher auf dem Weg zu Bayards Ertränkung?“, fragt Willem. „Es ist euch ja endlich gelungen, diesen Reinoud in die Knie zu zwingen.“

„Wo wird Bayard ertränkt, Willem?“, fragt Tonke gehetzt.

„Kurz hinter der nächsten kleinen Stadt“, sagt Willem. „Aber ich dachte, das wüsstest du auch?“

„Ich bin auf Reisen gewesen“, sagt Tonke und gibt Taman die Sporen. „Auf Wiedersehen, Willem. Viel Glück in Dorestad.“

Sie stürmen durch die Straßen der Stadt. Ein paar Mal droht Taman auf Hundekot oder verrotteten Holzrinden auszurutschen, aber Tonke fängt ihn auf.

Sie ist wild entschlossen, Bayard zu retten.

Zumindest, wenn er noch nicht tot ist. Nein, das kann nicht sein, das darf nicht sein!

Etwas weiter entfernt sieht sie schon das Gelände neben dem Fluss. Es wimmelt nur so vor Menschen, die lebhaft miteinander schwatzen. Sie recken die Hälse, um auch ja alles verfolgen zu können, was am Flussufer geschieht.

Tonke galoppiert mitten hindurch und die Menschen springen erschrocken zur Seite.

Dort ist schon das Wasser.

Tonke sieht den König und sein Gefolge in der ersten Reihe beim Fluss sitzen. Sie sieht Reinoud, der sich langsam vom Fluss entfernt. Und sie sieht, wie Bayard auf den Boden geworfen wird und dass ihm Steine um Beine und Hals gehängt werden.

Aber wenn Reinoud nun wegläuft, muss das bereits das dritte Mal sein, dass Bayard ins Wasser geworfen wird. Das dritte und damit letzte Mal!

Tonke springt von Taman und rennt zum Fluss.

Niemand achtet auf sie, alle Augen sind auf Bayard gerichtet.

Tonke schaut, ob sie am Ufer etwas finden kann, etwas, wohinter sie Bayard verbergen könnte.

Da liegt nur ein etwas morscher Schild, auf dem das Wappen des Ritters kaum mehr zu erkennen ist.

Tonke nimmt ihn vom Boden auf und kneift dann mit zwei Fingern ihre Nase zu.

Sie springt in das wild schäumende Wasser.

Bayard wird gerade wieder ins Wasser geworfen.

Tonke taucht und schwimmt auf ihn zu. Sie sieht, dass er den schweren Stein um seinen Hals mit den Hufen zertrümmert. Dass er die anderen Steine entzwei tritt. Dass er wieder auftaucht und mit den Augen nach seinem Herrn sucht.

Und dann sieht sie, wie er sich enttäuscht und erschöpft durch die Strömung nach unten zerren lässt.

Tonke erwischt Bayard am Zügel und zieht seinen Kopf über Wasser. Sie hält den Schild so hinter seinen Kopf, dass die Menschenmenge am Ufer keinen Pferdekopf, sondern nur den Schild und ihren eigenen Kopf sieht. Und um ein Kind, das mit einem alten Schild im Wasser treibt, kümmert sich um das Jahr 800 niemand.

Tonke schwimmt neben Bayard weiter. Mit den Zügeln hält sie seinen Kopf über Wasser.

Schon bald wird Tonke müde. Der Kopf des Hengstes ist so schwer. Bayard arbeitet überhaupt nicht mit. Es scheint fast, als wolle er gar nicht gerettet werden.

„Herrje, Bayard“, sagt Tonke. „Du musst weiter um dein Leben kämpfen, hörst du? Ich habe große Pläne für deine Zukunft. Würdest du bitte ein bisschen mitarbeiten, ja?“

Aber Bayard schließt die Augen und lässt sich willenlos von den Wellen des Flusses mitführen.

Schnell treiben sie stromabwärts. An sich ist das nicht schlecht, denn sie sind schon außer Sicht des Königs und seiner Soldaten geraten.

Aber Tonke kann einfach nicht mehr. Sie schafft es kaum noch, ihren eigenen Kopf über Wasser zu halten. Und Bayard versinkt allmählich!

Plötzlich hört Tonke ein leises Wiehern hinter sich. Es ist Taman, der ihr ins Wasser gefolgt ist.

„Oh Taman, was bin ich froh, dass du da bist."

Tonke krallt sich mit einer Hand in Tamans Mähne. Mit der anderen hält sie Bayard ganz fest. Der Wallach zieht sie unermüdlich auf die andere Seite des Flusses.

„Nun auf nach Dorestad", sagt Tonke fröhlich, als sie eine Viertelstunde später das Ufer erklimmen.

Es ist eine mehrtägige Reise nach Dorestad. Tonke reitet auf Taman und führt Bayard am Zügel mit sich.

Sie will so schnell wie möglich Abstand zwischen sich und den König bringen. Angenommen, einer seiner Soldaten erkennt Bayard!

Tonke macht sich große Sorgen um den Hengst.

Matt trottet er neben ihr her. Zum Glück sind seine Schritte so groß, sonst könnte er nicht einmal mit Taman mithalten.

Mit seinem Herrn hat er seine Lebendigkeit und Kampfeslust verloren. Er hat kein Vertrauen mehr in das Leben.

Bayards Fell sieht stumpf aus und er ist ganz mager vor Elend. Er frisst kaum. Wenn nicht schnell etwas geschieht, stirbt er doch noch.

Gleich vor den Stadtmauern von Dorestad bemerkt Tonke einen großen Bauernhof mit vielen Scheunen und Weiden.

Auf den Weiden stehen dutzende schwarzer Pferde.

„Da muss ich hin, glaube ich“, murmelt Tonke und reitet auf das Tor zu, auf dem mit zierlichen Buchstaben geschrieben steht: „Friesengestüt“.

„Hallo, Leute“, ruft sie laut.

„Wenn das nicht der Kundschafter des Königs ist“, hört sie als Antwort und schon kommt Willem angerannt.

Er sieht viel besser aus als das letzte Mal, als sie ihn sah. „Herrje, Willem. Wie bist du auf diesem prachtvollen Bauernhof gelandet? Ist das dein neues Zuhause?“

Voller Bewunderung schaut sich Tonke um.

Willem macht ein fröhliches Gesicht. „Ich habe großes Glück gehabt! Der Bauer hat mich adoptiert, weil er selbst keine Söhne hatte. Wie du siehst, züchten wir Friesen. Meine Stute steht dort hinten, zwischen den Jährlingen, um sie ein bisschen ruhig zu halten.“

Die Stute merkt, dass man über sie spricht und läuft wiehernd zum Zaun. Auch die Jährlinge fangen an zu wiehern und galoppieren aufgeregt herum.

Plötzlich erwacht Bayard zum Leben. Er hebt seinen Kopf ganz hoch, seine Augen beginnen zu funkeln und er wiehert gellend zu den Stuten hinüber.

Da ist er wieder, der Glanz auf seinem Fell, und die Kampfeslust ist zurückgekehrt.

Tonke steigt von Taman ab und fasst Bayard am Zügel. Der Hengst beginnt zu tänzeln und schlägt ungeduldig mit seinem Vorderbein nach vorn.

Willem betrachtet den Hengst voller Bewunderung.

„Ich habe ein Geschenk des Königs für dich, Willem“, sagt Tonke. „Du weißt doch, dass Bayard ertränkt werden sollte? Nun, der König fand es dann doch zu schade, also hat er mir befohlen, ihn aus dem Wasser zu holen. Ohne dass es jemand sah, begreifst du? Und nun darfst du ihn mit Erlaubnis des Königs als Zuchthengst haben, um deine Friesen ein bisschen größer zu züchten. Aber du darfst niemandem erzählen, dass dies Bayard ist!“

„Ich halte bestimmt meinen Mund“, verspricht Willem überglücklich. „Das ist genau der Hengst, den wir brauchen.“

Willem übernimmt die Zügel.

Einen Moment lang schauen sich der Junge und der Hengst prüfend an.

Dann wiehert Bayard heftig, als wolle er sagen: „Ist mir doch egal, wer mein neuer Herr ist. Hauptsache, die Stuten sind für mich.“

„Und du darfst auch Taman als Reitpferd haben“, sagt Tonke, beruhigt durch Bayards gelassene Reaktion auf Willem. „Hab keine Angst, er hat sich das Bocken abgewöhnt und er kann schwimmen wie kein anderer.“

„Aber was wirst du denn ohne Pferd machen?“, fragt Willem besorgt.

Tonke klopft Willem auf die Schulter.

„Kapitel 10 ist zu Ende“, sagt sie. „Ich muss dringendst wieder mal in meine Zeit … äh … zum König zurück. Ich, äh, ich denke, ich nehme einfach den Zug.“

„Hä?“, ruft Willem erstaunt aus. „Was ist das denn nun wieder?“

„Der Zug ist eine neue Erfindung am Hof“, sagt Tonke schnell. „Eine Art lange Kutsche aus Stahl. Und er macht tschuktschuktschuk, er macht einen wahnsinnigen Lärm.“

Willem zuckt mit den Schultern. „Ich bin noch nie am Hof gewesen“, sagt er ein bisschen betreten.

„Recht so“, sagt Tonke. „Und nicht vergessen, hörst du, Bayard ist nicht mehr Bayard. Nenn ihn doch, äh, nenn ihn doch Oedse.“

Danach muss Tonke noch von Taman Abschied nehmen. Tränen schießen ihr in die Augen, als sie die Arme um seinen schönen fuchsroten Hals legt.

Taman spürt den nahenden Abschied.

Spielerisch stupst er seinen Kopf in ihren Bauch. Dann reibt er mit seiner zarten Schnauze ihren Arm entlang.

Lange streichelt sie seine breite Blesse. Sie füttert ihn mit ein paar Äpfeln.

Taman darf auf der Grasfläche neben dem Bauernhof stehen.

Bayard bekommt eine eigene Weide, dicht hinter Taman.

„Du wirst es hier sehr gut haben“, verspricht Tonke ihrem Pony. „Es gibt genug Gras und jede Menge Fohlen, mit denen du spielen kannst. Und Willem ist unheimlich nett.“

Aber als Tonke weggeht, sieht ihr Taman doch traurig nach.

Tonke schüttelt den Kopf. Sie braucht sich keine Sorgen um Taman zu machen. Er wird sie bald vergessen haben. Hier hat er es besser, als er es je gehabt hat.

Aber sie wird Taman nie vergessen!

Das Foto

Ich bin wieder zurück, denkt Tonke, als sie sich umschaut, und dann fragt sie sich: Will ich überhaupt zurück sein?

Viel Zeit um über diese Frage nachzudenken, hat sie nicht, denn ihr Vater kommt aufgeregt ins Zimmer gestürmt.

„Du hast aber lange geschlafen. Du bist gestern Abend um zehn Uhr eingeschlafen, als ich dir vorgelesen habe, und jetzt ist es fast halb zwölf."

Tonke zuckt mit den Schultern. „Was soll ich sonst tun?"

„Ich habe gute Neuigkeiten für dich." Ihr Vater ist stolz wie ein Pfau.

Tonke kann ihm nicht ganz folgen. Sie fühlt sich so leicht im Kopf und auch in ihrem Körper. Als ... als wäre sie geflogen.

„So?", sagt sie mäßig begeistert.

Ihr Vater zeigt ihr ein Foto und sagt: „Der Abdecker hat Taman doch nicht geschlachtet. Er wurde an ein Mädchen in Wijk bei Duurstede weiterverkauft. Ich bin dann heute Morgen gleich zu ihr gefahren und habe ein Foto von Taman mitgebracht. Schau nur, hier ist er."

Tonke fährt das Bett hoch und reißt ihrem Vater das Foto aus der Hand.

Das steht er, ihr schöner Taman mit der breiten weißen Blesse in seinem eigensinnigen fuchsroten Gesicht.

Das Pony steht auf einem kleinen Grasstück neben einer niedlichen Scheune und im Hintergrund ist ein großer Bauernhof. Aber, aber, diesen Bauernhof kennt sie doch, das ist Willems Gestüt!

Als sie das Foto von nahem betrachtet, entdeckt sie auch einen schwarzen Hengst. Auf der Weide direkt hinter Taman.

„Bayard, nein, Oedse", flüstert Tonke mit einem Kloß im Hals. Sie greift nach dem Friesenhengst aus ihrer Minireitschule. Er hat die ganze Nacht neben ihr gelegen.

„Bayard lebt noch, Oedse. Du lebst also auch! Schau nur auf das Foto. Da stehst du und dort ist Taman."

„Hast du die Adresse von diesem Mädchen, Paps?", fragt Tonke kurz darauf, während sie sich die Augen mit dem Taschentuch wischt, das ihr der Vater gereicht hat. „Dann schreibe ich ihr gleich."

„Natürlich habe ich ihre Adresse", sagt ihr Vater. „Aber das ist nicht nötig, denn ich habe sie mitgebracht. Guck, hier ist Marieke."

Marieke gibt Tonke spontan einen Kuss. Sie zeigt ihr eine ganze Fotoserie von Taman.

Tonkes Vater verlässt das Zimmer.

„Ruf mich einfach, wenn ich dich wieder nach Hause bringen soll, Marieke“, sagt er.

Stundenlang reden sie miteinander. Tonke erzählt von ihrer Minireitschule und von Oedse, dem Friesenhengst. Sie erzählt von Tante Belle und der Reitschule und von Taman.

Marieke will wissen, wie Tonke gestürzt ist.

„Ich bin schon dreimal von Taman heruntergefallen“, sagt Marieke, als Tonke ihren Bericht beendet hat. „Er bockt so schrecklich! Er nimmt seinen Kopf nach unten und bockt manchmal zehnmal hintereinander. Äh ...“

Dann rückt sie mit der Sprache heraus: „Ich habe schon eine Woche nicht mehr auf ihm reiten dürfen.“

„Ich kann dir genau erzählen, wie du Taman anpacken musst“, sagt Tonke. „Wenn er wieder anfängt zu bocken, drückst du deinen Hintern fest in den Sattel, aber ansonsten tust du, als würdest du gar nicht merken, dass er bockt. Du schimpfst ihn nicht aus, du gibst ihm keinen Klaps.“

Marieke nickt gespannt und sagt: „Erzähl weiter.“

„Nun“, sagt Tonke und nimmt das Foto von Taman und Bayard wieder zur Hand, „wenn Taman merkt, dass er dich nicht beeindrucken kann, betrachtet er dich als die Stärkere und dann tut er alles, was du willst. Dann fühlt er sich sicher.“

Tonke sieht Marieke ernst an und fügt hinzu: „Es ist eine Frage des Vertrauens.“

„Poh“, sagt Marieke. „Meinst du wirklich, das hilft?“

„Ganz bestimmt. Einfach nicht auf ihn reagieren, wenn er bockt!“

„Woher weißt du das eigentlich?“, fragt Marieke. „Das letzte Mal, als du Taman geritten hast, bist du doch von ihm heruntergestürzt?“

„Ich habe das von Reinoud gelernt“, sagt Tonke. „Der Hauptperson aus Opas Buch. Der konnte sogar Bayard zähmen, das wildeste Pferd, das es jemals gegeben hat.“

„Darf ich mir das Buch von dir ausleihen?“, fragt Marieke.

„Äh, wenn ich dafür einmal auf Taman darf, sobald ich wieder reiten kann ...“

„So oft du willst“, sagt Marieke.

Leseprobe aus Mystery Club, Band 16: *Außer Kontrolle*

1

Filmaufnahmen in Willow Dale

„Der Geldtransporter wurde in der Mosley Road durch einen quer gestellten Personenwagen zum Anhalten gezwungen.“ Atemlos vor Aufregung las Holly Adams aus der Lokalzeitung vor. „Der Transporter befand sich auf dem Rückweg von Willow Dale; seine letzte Station war die Bank in der Candlemakers Street gewesen.“ „Die Bank meiner Mutter!“, sagte Holly. „Wenn die Räuber eine Viertelstunde früher zugeschlagen hätten, wäre meine Mutter vielleicht in den Überfall verwickelt worden!“ Mrs Adams war die Geschäftsführerin der Bank in der Candlemakers Street.

Der Überfall war am Nachmittag des Vortages verübt worden, und Holly hatte schon alles von ihrer Mutter erfahren. Doch es war etwas ganz anderes, darüber in der Zeitung zu lesen.

„Das haben sie aber nicht getan“, sagte Belinda trocken. „Und demzufolge war deine Mutter auch nicht dabei.“

Holly war immer auf der Suche nach Abenteuern. Belinda, die von Natur aus eher dazu neigte, den Dingen ihren Lauf zu lassen, hatte zwar nichts dagegen, dass

ihnen ständig etwas Aufregendes passierte, doch es störte sie, dass Holly es immer wieder darauf anlegte, sie in das nächste Abenteuer zu führen.
Belinda wusste aus Erfahrung, dass die Abenteuer es irgendwie immer wieder schafften, den Mystery Club zu finden, auch ohne dass sie aktiv danach suchten.
Doch Holly ließ sich nicht abschrecken. „Hier steht …“, begann sie.
„Ich weiß, was da steht“, unterbrach Belinda. „Ich habe es auf dem Weg hierher gelesen. Da steht, dass die Räuber schätzungsweise fünfhunderttausend Pfund erbeutet haben. Der Wagen, den sie für den Überfall benutzt haben, wurde nur drei Kilometer entfernt gefunden, was bedeutet, dass sie den Fluchtwagen gewechselt haben müssen. Außerdem steht da, dass sie vermutlich schon auf der Autobahn waren, bevor die Polizei überhaupt am Tatort erschien.“
Holly entfaltete ihre langen Beine und erhob sich von ihrem Bett.
„Eine Landkarte“, sagte sie und tippte sich nachdenklich mit einem Finger gegen die Lippen. „Ich muss hier irgendwo eine Landkarte haben.“ Sie begann, die Stapel aus Papier, Büchern, Zeitschriften und Krimskrams auf ihrem Schreibtisch zu durchwühlen.
„Wozu brauchst du denn eine Landkarte?“, fragte Belinda, nahm ihre metallgefasste Brille ab und polierte die Gläser mit ihrem verwaschenen grünen Sweatshirt.
„Damit wir genau sehen können, wo es passiert ist“, sagte Holly. „Und damit wir alle Fakten kennen.“ Holly seufzte beim Durchstöbern der Unordnung auf ihrem Schreibtisch. „Ich sollte wirklich mal aufräumen“, sagte

sie. „Miranda, Peter und ich hatten in dem Zimmer, das wir in London als Büro genutzt haben, eine Landkarte an der Wand. So etwas könnten wir hier auch brauchen.“ Sie drehte sich zu Belinda um. „Ob deine Eltern uns erlauben würden, ein Zimmer in eurem Haus als Büro für den Mystery Club zu nutzen?“

Belinda und ihre Eltern lebten in einem großen, im Schweizer Stil erbauten Haus im vornehmen Teil von Willow Dale. Wenn man sich Belindas schäbiges Sweatshirt und die verwaschenen Jeans ansah, in denen sie sich auf Hollys Fußboden räkelte, hätte man nie vermutet, dass sie die Tochter wohlhabender Eltern war.

Holly bezog sich auf Miranda Hunt und Peter Hamilton, zwei alte Freunde aus London. Mit ihnen hatte Holly die Mystery Kids gegründet, und die drei waren in viele spannende Abenteuer verwickelt worden, bis Hollys Familie nach Willow Dale umgezogen war, wo sie den Mystery Club ins Leben gerufen hatte.

„Ich glaube nicht, dass meine Mutter dazu bereit wäre“, sagte Belinda. „Du kennst sie doch.“ Belinda grinste. „Es treibt sie schon zum Wahnsinn, dass mein Zimmer so chaotisch ist. Stell dir nur vor, es gäbe in Zukunft zwei Zimmer, die so aussähen. Das würde sie bestimmt in den Wahnsinn treiben.“

„Es war auch nur eine Idee“, sagte Holly. „Ah, hier ist sie.“ Sie zog die Karte unter einem Packen Zeitschriften hervor und breitete sie auf dem Teppich aus.

„Holly?“, sagte Belinda. „Ich bin vielleicht dämlich, aber warum willst du alle Fakten dieses Überfalls kennen? Willst du der Polizei deine Hilfe bei der Aufklärung des Falls anbieten, oder was hast du vor?“

„Warum nicht?“, sagte Holly lächelnd. „Wenn sie damit Probleme hat.“ Sie kniete sich auf den Boden und beugte sich über die Karte. Konzentriert strich sie ihr schulterlanges braunes Haar hinter die Ohren und verfolgte den Verlauf der Mosley Road mit dem Finger. „Mal sehen“, murmelte sie. „Der Wagen der Räuber wurde ungefähr hier gefunden, was bedeutet, dass sie entweder der Hauptstraße bis zur Autobahn gefolgt sind, was die Polizei offenbar vermutet, oder dass sie umgedreht sind und sich nun irgendwo auf dem Land in einem Versteck verkriechen.“ Hollys Hand schwebte über den dünn besiedelten Teilen des Landes. „Es muss unzählige Regionen geben, in denen sie sich verstecken können, ohne dass es jemandem auffällt.“

„Ja“, sagte Belinda. „Einzeln stehende und verlassene Bauernhöfe, die kein Mensch mehr betreten hat. Komm schon, Holly. Das hier ist kein Western. Die Kerle sitzen bestimmt nicht an irgendeinem abgelegenen Außenposten fern der Zivilisation. Die Polizei hat Recht.“ Belinda ließ einen Finger über den blauen Strich der Autobahn sausen. „Dort sind sie verschwunden. Und das Geld mit ihnen. Und das ist das Ende der Geschichte.“

„Wahrscheinlich hast du Recht“, sagte Holly. Sie ließ sich wieder auf ihr Bett fallen und las den Zeitungsartikel zum dritten Mal. „Ich wünschte, es würden mehr Einzelheiten erwähnt“, bemerkte sie.

„Was denn zum Beispiel?“